Gouvernement Général de l'Afrique Occidentale Française

PUBLICATIONS DU COMITÉ D'ÉTUDES HISTORIQUES ET SCIENTIFIQUES

LES SARAKOLLÉ du Guidimakha

PAR

J.-H. SAINT-PÈRE
Administrateur des Colonies

PARIS V^e
ÉMILE LAROSE, LIBRAIRE-ÉDITEUR
11, RUE VICTOR-COUSIN, 11

1925

Les Sarakollé du Guidimakha

Gouvernement Général de l'Afrique Occidentale Française

PUBLICATIONS DU COMITÉ D'ÉTUDES HISTORIQUES ET SCIENTIFIQUES

LES SARAKOLLÉ du Guidimakha

PAR

J.-H. SAINT-PÈRE

Administrateur des Colonies

PARIS Ve

ÉMILE LAROSE, LIBRAIRE-ÉDITEUR

11, RUE VICTOR-COUSIN, 11

1925

LES SARAKOLLÉ DU GUIDIMAKHA

Historique

Le premier *Soninké* ou Sarakollé venu dans le Guidimakha proprement dit avec sa famille fut *Makha Malé Douo Soumaré*; il venait de l'Est et était originaire de Goumbou ou de Ghana. Il se fixa dans les monts Assaba, sur la montagne qui porte encore aujourd'hui le nom de *Guidé Makha* ou *Guidi-Makha* (Makha de la montagne et non montagne de Makha); sur le versant ouest de celle-ci, il étendit son domaine jusqu'à l'oued *Garfa* et, sur le versant est, le poussa jusque sur les deux rives du marigot du Karakoro.

Makha Malé Douo Soumaré fut, pendant quarante ans environ, le chef absolu de cette région. Sa famille s'était considérablement augmentée; les *Kébinko*, dits plus tard *Diabira*, étaient venus se joindre aux *Soumaré*, et tous vivaient en paix et dans l'abondance du fruit de leurs cultures.

Kébinko dits Diabira

La substitution du nom de *Diabira*, qui désigne encore cette famille, à son nom originel *Kébinko*, est assez curieuse et mérite d'être expliquée : lors de leur arrivée sur la montagne de Makha, les *Kébinko* avaient construit leur village auprès d'une grande mare (qui existe encore) très poissonneuse; seuls, ils avaient le droit d'y pêcher. Ils prenaient le poisson à l'aide d'un filet en forme de poche, le *diaro*. Leurs voisins, voyant toute la journée ces *Kébinko*, qui étaient des guerriers et non pas des *Tangana* ou pêcheurs, retirer (*diabindé*, infinitif présent du verbe qui se traduit par extraire) le *diaro* plein de poisson, les surnommèrent *Diabira* (ceux qui extraient, qui retirent le *diaro*); ce surnom leur est resté, depuis lors, comme nom de famille.

Malheureusement, la quiétude des premiers occupants

fut vite troublée, leurs richesses ayant tenté les *Hassân*. Lorsque ceux-ci parurent, Makha Malé Douo essaya de leur résister, mais, les Maures étant plus nombreux et plus forts, il traita avec eux et accepta de leur payer une redevance, moyennant quoi les Maures s'engageaient à le laisser en paix, lui et ses gens.

Makha Malé Douo Soumaré ne devait pas profiter longtemps de ces arrangements. Quelques années après, il était supplanté dans le commandement du Guidimakha, sur lequel s'étendait son autorité, par *Gané Kamara*.

Arrivée des Kamara

Tout comme Makha Malé Douo Soumaré s'était installé dans le Guidimakha, venu de l'Est également, *Gané Kamara*, que la légende dit avoir été un grand guerrier, se fixait dans le *Tagant*, à *Nouaméline*. Il était accompagné de ses enfants en bas âge, de ses femmes, d'un griot soninké, appelé *Nadoga Daniogho*, et de *Moussé Gassama*, son *mangué* (suivant) ; ce dernier fut le fondateur, dans le Guidimakha, de la famille *Gassama*, qui joignit plus tard à son nom celui de *Gandéga*, comme on le verra plus loin. Un Peul de caste libre les accompagnait ; il s'appelait *Foula Khasséniogho Bari* et, d'après la légende, conduisait un immense troupeau de plus de mille vaches et bœufs, tous blancs, appartenant à Gané Kamara et représentant le butin fait par ce dernier au cours des nombreux combats livrés et gagnés par lui avant sa venue dans le Tagant.

La légende raconte la venue et l'installation de Gané Kamara. La traduction ci-dessous d'un fragment d'un document en arabe très ancien donne une idée des nombreux exploits qu'il accomplit.

Légende de Gané Kamara

« D'après nos ancêtres qu'il faut croire, Gané était fils de Makha, qui était fils de Fobali, fils de Doumbé. Il naquit à Herémanou. Il quitta son pays pour se rendre au Mandé, où habitait le prince Sondiata, roi des Mandingues. Un jour que le forgeron particulier du roi Sondiata, Simangourou, était allé dans la brousse, il rencontra Gané, qu'il ne connaissait pas. Simangourou le conduisit à Sondiata, qui était son chef.

« Sondiata dit alors à Simangourou de recevoir Gané dans sa maison, puisque c'était un étranger ; le forgeron obéit et, en arrivant dans sa maison, il fit porter de l'eau dans un coin pour permettre à son hôte de se baigner. Gané, alors, se déshabilla et Simangourou fut émerveillé : alors que les cheveux qui couvraient la tête de Gané étaient pareils à ceux de tous les hommes, les poils de son corps étaient blonds comme de l'or ! Ne doutant pas que ce fût de l'or véritable, Simangourou courut annoncer la nouvelle à son maître, ajoutant qu'un simple forgeron comme lui n'était pas digne de loger un hôte si honorable. Sondiata, approuvant cette modestie, fit appeler Gané et lui donna le trois-centième des logements spéciaux qu'il réservait aux étrangers de marque. Dans ce logement, il y avait déjà un Peul nommé *Foula Khasséniogho*, qui devint vite l'ami intime de Gané. Grâce à l'entremise de ce Peul, Gané noua une intrigue avec une des épouses de Sondiata qui se nommait *Tinkhaye Kanté*. Et les jours passèrent...

« Un jour, les guerriers de Sondiata annoncèrent que l'armée de *Manga* était en marche contre eux. Gané, ayant entendu cette nouvelle, dit à son ami le Peul qu'il accepterait volontiers de défendre Sondiata, pour peu qu'on lui procurât des armes et une monture. Alors, le Peul lui donna ses armes et lui dit : « Demain matin, quand « l'armée sortira du village, Sondiata donnera des che- « vaux aux guerriers ; vous choisirez le cheval rouge, qui « est le meilleur. » Le lendemain, quand les chevaux furent présentés, il y avait un cheval rouge ; Gané le prit et les guerriers se mirent en marche pour aller au-devant de ceux de Manga. Lorsque les deux armées furent en présence, Gané se détacha de ses compagnons d'armes et se porta seul au-devant de l'ennemi. De sa main, il tua Manga, le chef, et son fils, qui s'appelait *Banoro*. Il tua également un homme qui n'était ni dans les cultures ni dans le terrain inculte, mais sur les herbes de la limite. Il tua un autre homme qui n'était ni à l'ombre ni au soleil, mais sous un toit sans paille. Il tua soixante-dix cavaliers et prit tous les mors de leurs chevaux, qu'il porta à Sondiata.

« Sondiata le félicita vivement de sa grande bravoure et, pour lui témoigner sa reconnaissance, il lui dit en lui désignant un endroit non loin d'eux : « Tu te mettras là « demain et, quand mes épouses passeront devant toi, tu

« choisiras parmi elles celle que tu préféreras ; ce sera ta « femme. » Le lendemain, Gané se rendit à cette place et choisit Thinkhaye Kanté, la femme qu'il avait connue par l'entremise de son ami le Peul Foula Khasséniogho.

« Mais, quelques jours après, Sondiata regretta son geste généreux. Foula Khasséniogho, au courant, alla bien vite prévenir son ami, lui conseillant de partir. Gané, malgré le courage dont il avait fait la preuve d'une façon éclatante, et ne voulant pas entamer la lutte avec son hôte, suivit les conseils de Foula Khasséniogho et se sauva avec Thinkhaye Kanté et les quatre hommes suivants, dont trois étaient des Sarakollé qu'il avait trouvés à son arrivée chez le roi Sondiata : Mokhtari Sissé, fils de Diabé Digna ; Moussé Gassama, fils de Sakharakhé Digna ; Nadoga Daniogho et Foula Khasséniogho, le Peul qui l'avait averti du danger.

« Avec eux partirent quatre-vingt-dix-neuf hommes braves, et encore neuf autres hommes braves, mais qui étaient muets... Tout ce monde partit vers l'Est pour de nouveaux combats... Après avoir défait tous ceux qui osaient se lever contre lui et avoir amassé un butin considérable, Gané revint pour trouver Makha Malé Douo Soumaré. Il le trouva à *Ka Binné* (la Maison Noire), où il était arrivé il y avait quarante-deux ans... »

Quelle que soit la part de vérité que comporte cette légende, ce ne furent pas moins de mille personnes qui, avec Gané Kamara, s'installèrent dans le *Tagant*, au lieu dit *Nouaméline*. Ils y construisirent deux agglomérations de maisons, peu éloignées l'une de l'autre ; les bâtiments de ces agglomérations étaient en pierres. Cet endroit fut appelé par Gané Kamara, ou par les voyageurs, ou plus vraisemblablement, plus tard, par les Maures, *Hayani*.

Que veut dire *Hayani?* Les Sarakollé ne peuvent pas donner d'explication ni sur l'origine ni sur l'étymologie de ce nom et disent seulement qu'il désignait les descendants de Gané Kamara qui vécurent d'une façon permanente avec lui à Nouaméline. Mais *Hayani* ne viendrait-il pas de l'arabe? *Hayy* veut dire en arabe « quartier », et *hayyâni* « deux quartiers ». Ne peut-on pas admettre que les Arabes, pour désigner les *Souanek* ou *Gangara* (Sarakollé ou Noirs) de Nouaméline, aient ajouté à leur nom *Kamara* le mot *Hayani?* Quoi qu'il en soit, les gens, en parlant de Gané Kamara et de sa famille, installés dans le Tagant, à Nouaméline, disaient les *Kamara Hayani*.

Gané Kamara, ses gens et les Gassama ont dû s'installer à Nouaméline à peu près à la même époque où les Soumaré de Makha Malé Douo, accompagnés des Diabira, s'installaient sur les monts Assaba.

Deux années après l'installation de Gané Kamara, de sa famille et de celle de Moussé Gassama à Nouaméline, vinrent se joindre à eux la famille, très nombreuse, de son ancien compagnon d'armes Moktar Sissé (ancêtre des *Sissé* du Guidimakha) et celle de Sokhona Digna (ancêtre des *Sokhona*).

Les familles Kamara, Gassama, Sissé et Sokhona, sous le commandement de Gané Kamara, vécurent très unies, à Nouaméline, du produit de leur élevage ; elles prospéraient et s'étaient considérablement augmentées. Mais les Hassân et autres Maures arrivèrent, pillèrent leurs troupeaux, enlevèrent leurs captifs. Il fallut abandonner le Tagant, Nouaméline, descendre vers le Sud, vers la montagne de Makha.

Les Maures les harcelèrent, les maltraitèrent et les obligèrent à payer des redevances. Contre l'ennemi commun, les nouveaux arrivants (Kamara, Gassama, Sissé et Peuls) firent cause commune avec les Soumaré ; mais, comme ils étaient les plus nombreux, les Kamara prirent « pacifiquement » le commandement du pays, commandement qu'ils gardèrent jusqu'à notre arrivée.

Au contact des Soumaré et des Diabira, d'éleveurs qu'ils étaient, les Kamara, les Sissé, les Gassama et les Sokhona devinrent des cultivateurs à leur tour et ils connurent la culture du mil. C'est ce qui est advenu par la suite aux Maures et aux Peuls du Guidimakha au contact des cultivateurs sarakollé.

Les Soumaré, qui en veulent toujours aux Kamara de leur avoir pris leur pays, racontent qu'à leur arrivée sur le Guidé Makha, les Kamara n'avaient jamais vu ni mangé de mil ; après en avoir goûté, ils en étaient devenus tellement friands qu'ils ne trouvaient plus de saveur ni à la viande, ni au lait de leurs troupeaux. Gané ayant demandé du mil à Makha pour être planté, celui-ci lui aurait donné du mil bouilli, que les Kamara auraient semé naturellement sans succès, et comme Gané, étonné, demandait l'explication à Makha, celui-ci lui aurait dit que le mil n'avait pas levé parce qu'il n'avait pas été planté par un Soumaré et que, seuls, les Soumaré connaissaient le secret de le faire pousser.

A cette petite satire, les Kamara répondent par celle-ci : « Une des petites-filles de Makha Soumaré était amoureuse d'un petit-fils de Gané Kamara et les deux jeunes gens se rencontraient en dehors du village, à la tombée de la nuit. Or, un soir, la jeune Soumaré fit le don de son corps et de mil non bouilli au jeune Kamara. Depuis ce jour-là, les Kamara ont eu du mil... et les faveurs des Soumaré. »

Gassama appelés Gandéga

C'est vers cette époque que les *Gassamanko* furent appelés *Gandéga.*

L'histoire de cette transformation est assez curieuse pour être rappelée. Les Gassamanko s'étaient installés dans la vallée, près d'une montagne appelée du nom d'une herbe, le *gandé*, qui y poussait en abondance et qui ressemble à du mil, mais dont les épis donnent un grain non comestible. La légende dit que les Gassama s'étaient arrêtés à cette montagne parce que, n'étant pas cultivateurs et ne pouvant distinguer le mil du *gandé*, ils avaient pris le *gandé* pour du mil et s'étaient mis à le soigner, arrachant les mauvaises herbes, chassant les fauves, les sangliers, etc. Un jour, un Soumaré passant par là leur demanda pourquoi ils soignaient ces plantes. Les Gassama, très affairés, lui répondirent que c'était pour que les tiges fussent plus belles et la récolte plus riche. Le Soumaré leur demanda alors : « Comment, vous vous nourrissez avec du *gandé?* » Les Gassama avaient entendu parler du *gandé*, ils savaient que sa graine n'était pas comestible. Désappointés, honteux, ils avouèrent qu'ils avaient pris le *gandé* pour du mil. Cette méprise fut colportée partout par le voyageur Soumaré et tout le monde appela les Gassama *Gandé-Yiga* (mangeurs de *gandé*), puis *Gandéga*, et le nom leur resta.

Départ des Soumaré vers le Sud

Les années et les années passèrent ; les Soumaré et les Diabira, trop peu nombreux pour espérer reprendre le commandement du pays, quittèrent alors le nord du Guidimakha et allèrent s'installer sur le fleuve, après s'être battus avec les *Batchili* et les *Dénianké* et les avoir défaits.

Ils créèrent ainsi les villages de *Diaguili*, *Moulézimo* (Mauritanie) et *Wahoundé* (Sénégal) ; un autre groupe passa par le Gorgol, créant les villages de *Harr* et *Woumpou* ; ils livrèrent des batailles à Mayel Ndao, Sagné Diéri et Sagné Bana (Sénégal), Toulel, etc. Au cours de cette dernière bataille fut tué l'Almamy Diadié. Les Soumaré se battirent également avec les Bambara de Moussou Korobo, qui étaient venus de l'Est au secours des Dénianké, et leur infligèrent une défaite. C'est à ce moment que vinrent de l'Est les Soumaré *Tambagninko* de Makha Soumaré, petit-fils de Makha Malé Douo Soumaré, parti à l'est de Kayes au moment où les Soumaré quittèrent la montagne. Ils créèrent les villages de *Mbaédiam*, *Khabou*, *Sollou* et *Sabou-Siré*.

Vers l'époque du départ des Soumaré de la montagne, une famille *Diawara*, venue de l'Est et descendant de Faré Silla Makha, fils de Dama N'Guillé, s'installait à *Bouly* et y créait ce village.

Les Kamara quittent le Nord

Harcelés sans trêve par les Maures, les Kamara, Gassama, Sissé et Sokhona, malgré leur nombre très élevé, durent, quelques années après le départ des Soumaré et des Diabira, abandonner le nord du Guidimakha pour s'installer dans la région comprise entre Dialla, Sélibaby, Koumba Ndao et Mbaédiam. Les Diawara, isolés, durent, à leur tour, suivre le mouvement.

Ce n'est qu'après notre occupation de la Mauritanie (1904) que les Kamara réoccupèrent leurs anciens villages du Nord et de l'Est.

Le Guidimakha, sur lequel s'étendait le commandement de Gané Kamara, territoire considérable, avait les limites suivantes :

Au Nord, le marigot d'Amouride ;

A l'Est, une ligne partant des puits actuels de Maï-Maï et allant rejoindre les villages de Koussané, puis Kouninghui, Ouahiguillou ;

Au Sud, le marigot de Kholimbinné, qui se jette dans le Sénégal, et ce fleuve ;

Enfin, à l'Ouest, une ligne suivant l'oued Garfa, passant par Djajibiné, Harr, et aboutissant au fleuve, à l'ouest du village de Koumpou (actuellement dans le Gorgol).

Tous les Kamara du Guidimakha (Mauritanie), du Guidimakha de Kayes, du Gorgol et du Sénégal descendent donc du même Gané Kamara.

Quelques autre familles, peu nombreuses, vinrent s'installer par la suite à côté des premiers occupants. Elles en adoptèrent vite les usages et les coutumes, qui sont ainsi les mêmes pour tous les Sarakollé du Guidimakha, à quelque famille qu'ils appartiennent.

Dans les villages, quand tombe le soir, à l'ombre du grand arbre où se réunissent les hommes après le travail de la journée, les Anciens parlent des temps d'autrefois, racontent les divers événements auxquels ils ont assisté, les différends qu'ils ont eu à trancher, et ils font connaître la solution que donne la coutume dans ce cas. Peu à peu, ils passent en revue les principaux cas qui se sont présentés ; les hommes jeunes apprennent ainsi à connaître la loi de leurs pères et ce sont eux qui, à leur tour, en instruiront leurs enfants.

Tous, bien qu'ils la connaissent souvent imparfaitement, ont un grand respect de leur coutume ancestrale et, quand un litige quelconque les amène devant les tribunaux, — lorsque l'essai de conciliation du chef de village s'est révélé impuissant et que la solution qu'il propose n'a pu mettre les parties d'accord, — tous déclarent vouloir être jugés d'après la coutume, et non d'après la loi musulmane, qu'ils connaissent moins encore ; ils ont confiance dans la sagesse de leurs ancêtres qui, pensent-ils, ont dû prévoir le cas qu'ils ont à faire régler.

Familles du Guidimakha

Subdivisions de ces familles en branches
Noms des fondateurs

Les familles marquantes du Guidimakha sont les suivantes :

Famille Soumaré

Fondée par Makha Malé Douo Soumaré

Cette famille se subdivise en *Soumaré Khaïranko* et *Soumaré Khadinko.*

Plus tard, sont arrivés dans le pays les *Soumaré Tambagninko,* fondés par Makha Soumaré, petit-fils de Makha Malé Douo Soumaré, qui avait émigré dans la région nord-est de Kayes (Soudan français) dès la première incursion des Maures.

Famille Kamara

Le fondateur de cette famille est *Gané Makha Kamara,* connu uniquement sous le nom de *Gané Kamara* ; il était le fils de Makha Fobali Kamara.

La famille Kamara s'est subdivisée ensuite en plusieurs branches qui ont formé des familles bien distinctes les unes des autres et qui rivalisent entre elles. Le tableau ci-après indique les descendants de Gané Kamara qui ont fondé les diverses branches et il permet de se rendre compte du degré de parenté unissant entre eux les fondateurs.

Famille Kamara, appelée aussi Ganéga

Subdivisions de cette famille et noms des fondateurs des diverses branches

(Voir ci-contre)

GANÉ KAMARA
(Fondateur de tous les Kamara)

(1) Doumbé Gané
(2) Baba Gané, parti au Soudan Français, y créa les *Wagué*.
(3) Dièye Gané.
(4) Doukourounké Gané (appelé aussi Diawakhé).

Setté Doumbé

(1) Alakhasseïnou Setté
(2) Nogué Tounké, fondateur des *Botokholo*.
(3) Ségué Biné, d°.
(4) Gaye Bodio, fondateur des *Gaye-Kara*.
(5) Gaye Dioro, Soudan Français.
(6) Makha Bodio, Sénégal.
(7) Silly Bodio, Sénégal.
(8) Tamba Bodio, Soudan Français.
(9) Diankhé Bodio, Soudan Français.
(10) Ségué Bodio, fondateur des *Séguékara*.

Khassa Alakhasseïnou

(1) Setté Khassa
(2) Moussa Khassa, fondateur des *Bérani*.
(3) Gaye Khassa.

(1) Gaye Féné, décédé sans enfants.
(2) Makhan Setté Khassa, décédé sans enfants.
(3) Gaye Diaba Gaye, décédé sans enfants.
(5) Samba Diaba Gaye, fondateur des *Gandji*.
(4) Diorokho Diaba Gaye.

(1) Moussa Diorokho, fondateur des *Koyimbô*.
(2) Gaye Diorokho.

(1) Tabakali Gaye,
(2) Makha Gaye,
(3) Moussa Diara Gaye.
} fondateurs des *Hokolou*.

(4) Samba Gaye,
(5) Amady Gaye,
} fondateurs des *Hayani*.

NOTA. — Les numéros entre parenthèses indiquent l'ordre de la naissance des enfants.

Observations : Toutes les familles dont le nom est figuré en *italiques* sont celles fixées dans le Guidimakha de la Mauritanie, les autres sont dans le Guidimakha du Soudan français. Il semblerait donc que, lorsque les limites entre la Mauritanie et le Soudan français ont été fixées, en prenant le marigot du Karakoro comme frontière, on ne connaissait pas, à ce moment là, assez le pays et ses races, et on n'a pas fait attention que l'on coupait en deux un même pays et la grande famille qui l'habitait.

A la troisième génération, les enfants de Nogué Tounké et de Ségué Biné, abandonnant le qualificatif de *Hayani*, prennent celui de *Botokholo* ; à la troisième génération, les enfants de Gaye Bodio, abandonnant le qualificatif de *Hayani*, prennent celui de *Gaye-Kara* ; à la cinquième génération, les enfants de Moussa Khassa et Gaye Khassa, abandonnant le qualificatif de *Hayani*, prennent celui de *Bérani* ; à la sixième génération, les enfants de Samba Diaba Gaye quittent les *Hayani* et prennent le nom de *Gandji* ; à la septième génération, les enfants de Moussa Diorokho quittent les *Hayani* et s'appellent *Koyimbô* ; à la huitième génération, les enfants de Tabakali Gaye, Makha Gaye et Moussa Diara Gaye quittent les *Hayani* et s'appellent *Hokolou* ; restent uniquement *Hayani*, à la huitième génération, les descendants de Samba Gaye et d'Amady Gaye.

FAMILLES SISSÉ, GASSAMA-GANDÉGA, KÉBINKO-DIABIRA ET SOKHONA

Ces quatre familles descendent de *Ouagadou-Digna*.

Le tableau ci-après permet de se rendre compte du degré de parenté existant entre chacun des fondateurs de ces familles :

Ouagadou (1) Digna	(1) Khiné	(1) Sakarakhé, fondateur des *Gassama* (2).
		(2) Sokhona, fondateur des *Sokhona*.
	(2) Manga	Kabané, fondateur des *Kébinko* (3).
	(3) Diabé, fondateur des *Sissé* (4).	

(1) Nom du pays où Digna est né et où son père était *djinné* (génie).

(2) Ajoutèrent plus tard Gandéga à leur nom parce qu'ils s'étaient installés sur la montagne Gandé, au pied de laquelle poussait une herbe appelée gandé.

(3) Kabané créa les Kabanko, qui s'appelèrent ensuite Kébinko et qui ajoutèrent à leur nom le qualificatif *Diabira,* qui veut dire « Extracteurs », parce que, installés auprès d'un marigot, ils en extrayaient du poisson.

(4) Le *Djinné,* père de Digna, avait donné à son petit-fils Diabé un cheval (*si*) enchanté, qui ne pouvait être monté que par Diabé ; ce cheval paraissait indomptable ; il était très rapide. Il avait sauvé Diabé de la mort en la circonstance suivante. Dans un village où Diabé avait sa fiancée, il y avait un serpent immense qui était la « Divinité », qui demeurait dans un grand arbre creux servant de porte à une caverne et à qui, tous les ans, on donnait comme épouse la plus jolie fille du village ; cette jeune fille, on ne la revoyait plus et on ne savait pas ce qu'en faisait la « Divinité ». Un jour, Diabé, étant venu voir sa fiancée, ne la trouva pas dans la maison de son père, où toute la famille pleurait. Inquiet, il demanda ce qu'était devenue celle qu'il aimait. Le père lui répondit que, le sort l'ayant désignée, elle venait d'être remise comme épouse au serpent. Très brave, très épris de sa fiancée, Diabé ne réfléchit pas au sacrilège qu'il allait commettre ; armé de son sabre, il se rendit à l'arbre, tua la « Divinité-serpent », et entra dans la caverne, où il trouva sa fiancée évanouie de peur. Il la prit dans ses bras et s'enfuit avec son précieux fardeau ; mais la nouvelle du sacrilège commis par Diabé fut connue tout de suite par les habitants du village, qui le condamnèrent à mort ; ils se mirent à sa poursuite et il aurait été atteint et tué, ainsi que sa fiancée, si Diabé n'avait pas eu son cheval rapide et méchant qui mordait et bousculait les poursuivants. Ceux-ci dirent : « *Wonta Diabé si setté kitta !* » (Nous ne pourrons pas attraper Diabé sur son cheval !), d'où le nom de Diabé Sissé.

Famille Diawara

Cette famille fut fondée par ***Faré Silla Makha Diawara,*** fils de Dama, qui était chef du village de Diâra, situé au nord-est de Nioro (itinéraire : Nioro, Yaméyéline, Nômo, Yéréré, Balouguémou, Niamé, Diâra). Il venait du pays mandingue et ses gens et lui parlaient la langue de ce pays. De Diâra, ils vinrent s'installer au pied d'une montagne (montagne se dit *kourou* en mandingue) appelée *Kinrindi*, sur laquelle demeurait déjà un Kamara nommé Fatou Makha. Ils vécurent en excellents termes. Les captifs (*dion* en mandingue) de ce Kamara étaient très braves; un jour que les gens de Faré Silla furent attaqués par un ennemi supérieur en nombre, le Kamara de la *kourou* (montagne en mandingue) envoya ses captifs au secours des Diawara. Les Diawara commençaient à faiblir, ils battaient en retraite vers leur village, mais, voyant arriver à leur secours les braves captifs de Fatou Makha, ils s'écrièrent : « Nous allons vaincre, car voici les *Dion-Kourounké* (les gens de la montagne des captifs) », et, en effet, ils mirent en déroute l'ennemi.

Il se pourrait que les mercenaires mandingues employés par les Kamara et les Soumaré aient été des descendant de ces *Dion*, qui auraient gardé comme surnom *Dionkourounké*; de là pourrait venir l'étymologie de la première catégorie des Komo Khasso.

Les Diawara descendent tous de Faré Makha Silla; cette famille se subdivise en *Diawara Farémakhanka*, *Diawara Sambou-Kissimarounka*, *Diawara Bandiougounka*, *Diawara Aïssénka* et *Diawara Mokotinka*.

Quatre de ces branches de *Diawara* demeurent dans le Cercle de Nioro; seule, la branche *Sambou-Kissimarounka*, fondée par *Sambou Gnaninké Diawara*, fils benjamin de *Faré Silla Makha*, demeure dans le Guidimakha, à Sélé-fel, Bafarara, Dodia, Bambella, Tichi (Guidimakha du Soudan français), et, enfin, à Bouli (Guidimakha de la Mauritanie).

Autres familles

Koïta, *Diakhité*, *Sakho*, *Ndiaye* (il y a des Ndiaye qui ne sont pas forgerons dans le Guidimakha), *Yatéra* (les Khoré, pas les forgerons), *Sibi*, *Koréra*, *Kanouté*, *Daramé* et *Silla*.

Ces familles, venues séparément dans le Guidimakha, vivent un peu dans tous les villages, mélangées aux Kamara, Soumaré, Diabira, Gassama, etc.; elles n'ont créé aucun village.

Organisation politique

Tounka

Pendant quarante ans, le *tounka* (roi, chef suprême) fut Makha Malé Douo Soumaré ; il commandait aux Soumaré et aux Diabira, qui formaient cinq villages.

Lorsque les Kamara de Gané Kamara, chassés de Nouaméline (Tagant) par les Maures, vinrent se fixer dans le Guidimakha, ils respectèrent Makha Malé Douo Soumaré, mais ils ne le considérèrent jamais comme leur Tounka ; Ils n'obéissaient qu'à Gané Kamara, qui devint très vite, vu la supériorité en nombre des Kamara, le *Tounka Khoré* (grand Tounka), tandis que Makha Malé Douo Soumaré devenait le *Tounka Tougouné* (petit Tounka).

Cette révolution se fit pacifiquement. Les Kamara, les Soumaré, les Gassama-Gandéga, les Sissé, les Diabira et les Sokhona acceptèrent l'autorité du roi Kamara. Ils vécurent ensemble des centaines d'années et les coutumes particulières à chaque famille se confondirent et ne formèrent plus qu'une seule coutume : la coutume sarakollé du Guidimakha.

D'année en année, le nombre des Kamara s'augmentant, ils se répandirent dans le pays, créant les villages de Dafort, Ndiéo, Djajibiné, Kali-Nioro, Séléfel, Khaïté, Taïchibi, Sakha, Hassi-Choggar, Artémou, Sélibaby.

A la mort de Makha Malé Douo Soumaré, son successeur ne prit pas le titre de *Tounka Tougouné*. Il n'y avait plus qu'un seul Tounka, le Kamara.

Mais lorsque, pressés par les Maures, ils durent tous quitter le Nord pour descendre vers le Sud, les familles se partagèrent le pays et formèrent des villages. Chaque famille eut à sa tête un chef qui commandait aux chefs des villages de la même famille ; les familles trop faibles s'allièrent entre elles, passèrent ensemble des traités. Les principaux traités sont ceux passés entre les Soumaré et les Diabira et celui passé entre les Kamara et les Gassama.

Ces chefs — non Kamara — obéissaient au Tounka Kamara par crainte, parce qu'il était le plus fort, ayant pour lui la supériorité numérique.

Le Tounka gouvernait à l'aide d'un Conseil de notables

composé d'un nombre de notables illimité, mais parmi lesquels il y avait un représentant de chaque famille importante.

Lorsqu'ils se convertirent à l'islamisme, les Sissé et les Sokhona devinrent les marabouts des Kamara et se répandirent dans tous les villages kamara.

Le notable de chaque famille qui était auprès du Tounka et qui commandait la famille était le plus âgé des descendants directs du fondateur de la famille dans le pays. Ce notable commandait à tous les chefs des villages de la même famille.

Le chef de village était l'homme libre le plus âgé de la famille ayant fondé le village ; cette coutume est respectée encore de nos jours, mais les chefs supérieurs et le Tounka ont disparu.

Certains ambitieux des diverses familles auraient voulu recréer, sous notre administration, des chefs supérieurs qui seraient devenus des chefs de canton ; ces prétendants sont connus, un travail assez complet sur les généalogies du pays ayant été fait, mais la nécessité ne s'en fait pas sentir pour le moment, vu la superficie territoriale actuelle du Guidimakha (11.000 kilomètres carrés et la densité de sa population totale de race sarakollé (15.084 habitants au 1er juillet 1923, distribuée en 29 villages).

Plus tard, si le Guidimakha de la Mauritanie et celui du Soudan français étaient réunis, de façon à former un seul pays comme par le passé, avec ses anciennes frontières, il serait utile alors de recréer les chefs supérieurs par familles, en suivant au pied de la lettre l'ancienne coutume, de façon à éviter tout conflit et empêcher des ambitions politiques qui naîtraient tout de suite si le choix était fait, sans suivre aucune coutume, par l'Administration. Lorsqu'un individu doit être chef en vertu d'une coutume connue de tous, aucun compétiteur ne se présente et personne n'est mécontent, mais si, malgré cette coutume, on nomme quelqu'un dont les droits au commandement n'étaient pas prévus, que se passe-t-il ? On mécontente tout le monde, et les ambitieux se disent : « Puisqu'on a nommé un tel, qui n'avait aucun droit, pourquoi ne pourrait-on pas me nommer, moi ? » Et, ce précédent créé, des partis se forment qui se mettent en lutte les uns contre les autres et la paix du pays est troublée, comme cela s'est produit à Bouly, en 1920-21, à la suite de la non-observation de la coutume en 1911, au moment du remplacement du chef de ce village.

Lorsque plusieurs branches ou plusieurs familles demeurent dans le même village, si elles sont nombreuses, elles se groupent par quartier et alors le doyen de chaque famille ou branche devient le chef de quartier sous les ordres du chef du village.

Le chef du village commande le village ; auprès de lui il y a des notables, cinq ou six, suivant l'importance du village, qui lui servent de conseil pour le règlement des petites affaires ; les chefs de quartier sont compris dans ces notables.

Chef de village

La coutume dit : le chef de village est l'individu le plus âgé appartenant à la famille qui a fondé le village. Il importe peu que ce chef, de par son âge, soit peu actif, car il est aidé dans son service ou par ses enfants, ou ses neveux, ou par celui qui doit le remplacer, en se conformant à la coutume, après son décès. Les Kamara auraient voulu la création, dans le Guidimakha, d'un chef de province, parce qu'ils savaient que ce chef ne pouvait être qu'un Kamara, mais les Kamara formant, à l'heure actuelle, plusieurs branches qui rivalisent entre elles, la nomination d'un chef de province, dont le besoin ne se fait pas du tout sentir pour le moment, aurait été une source d'ennuis, car si les enfants de Gané sont connus, si les enfants, les petits-enfants et les arrière-petits-enfants des petits-enfants sont connus, si les généalogies sont très exactes, nous ne sommes pas certains de l'ordre de la naissance des enfants de Setté Doumbé, fondateur des diverses branches. Les Hayani désirent avoir le pas sur les Bérani, les Bérani sur les Hayani, etc.

Si, un jour, on devait nommer un seul chef de province, celui-ci serait obligatoirement un Kamara, mais la nomination de cet unique chef de province pourrait avoir des inconvénients, car les autres familles (Soumaré, Diabira, Sissé, Diawara, Gassama), ayant perdu depuis longtemps l'habitude d'obéir aux Kamara, n'accepteraient pas facilement d'être replacées sous leur autorité.

La prudence exige donc ou de ne nommer aucun chef de province, ou de nommer un chef de canton par famille ; ce chef de canton serait le plus ancien homme libre de chaque famille. Celui des Kamara serait le plus âgé des doyens de chaque branche.

Le chef du pays se nommait *Tounka* ; le chef général de chaque famille auprès du *Tounka* s'appelait *Khirsé* (exemple : le chef des Diabira était dit Diabirani-Khirsé).

« Chef de village » se dit, en sarakollé, *Débi goumé*, et « chef de maison », *Kagoumé*.

Villages

Avant notre arrivée dans le pays, les villages du Guidimakha (qui comprenait le Guidimakha du Soudan français) étaient tous sarakollé ; les Peuls et les Bambara étaient venus demeurer chez eux et formaient un quartier.

Depuis 1900, les Peuls et les Bambara, auxquels se sont joints des esclaves libérés, ont formé des villages indépendants. Il y a, à l'heure actuelle, dans le Guidimakha :

29 villages soninko (sarakollé),
4 villages toucouleurs,
10 villages peuls,
3 villages bambara,
4 villages pourognes (anciens captifs de Maures). Au total : 50 villages.

Les 29 villages soninko sont les suivants et habités par les familles ci-après :

Dafort, village construit par la famille Hayani ; y habitent des Kamara Hayani, des Kamara Koyimbô, des Kamara Gandji, des Kamara Hokolou, des Sissé mélangés aux Kamara, et des Ndiaye, marabouts mélangés aux Kamara.

Sélibaby, village construit par les Kamara Hokolou ; y habitent des Kamara Hayani et des Kamara Bérani.

Ndiéo, village construit par les Kamara Bérani ; y demeurent seulement des Kamara Bérani.

Hassi-Choggar, village créé par les Kamara Bérani ; y demeurent des Kamara Bérani, des Sissé et des Sokhona.

Mbeïdia, village créé par les Kamara Botokholo, qui y demeurent seuls.

Artémou, village créé par les Kamara Botokholo ; y demeurent des Kamara Botokholo et des Koréra venus dans le pays en 1907.

Ouloumboni, village créé par les Kamara Gandji, qui y demeurent seuls.

Ajar-El-Abiod Sarakollé, village créé par les Diabira, qui y habitent seuls.

Kéninkoumou, village créé par les Kamara Botokholo ; y habitent des Kamara Botokholo, des Kamara Hokolou, des Sissé et des Sokhona.

Amagué, village créé par les Diakhité, marabouts des Kamara Gaye-Kara, venus dans le Guidimakha en 1890 et qui y demeurent seuls.

Dialla, village créé par les Kamara Gaye-Kara ; y demeurent des Kamara Gaye-Kara et des Gassama-Gandéga.

Testaï, village créé par les Kamara Koyimbô ; y demeurent des Kamara Koyimbô et des Koïta.

Bouly, village créé par les Diawara ; y demeurent des Diawara et des Kamara Bérani.

Hassi-Delmé, village créé par les Kamara Bérani, qui y demeurent seuls.

Mbalou, village créé par les Kamara Hayani ; y demeurent des Kamara Hayani, des Sissé et des Koïta.

Koumba Ndao, village créé par lès Kamara Gaye-Kara ; y demeurent des Kamara Gaye-Kara et des Sissé.

Mbaédiam, village créé par les Gassama-Gandéga ; y demeurent des Gassama-Gandéga et des Soumaré-Hadinko.

Goudiévol, village créé par les Kamara Bérani, qui y demeurent seuls.

Sabou-Siré, village créé par les Soumaré-Hadinko ; y demeurent des Soumaré-Hadinko, des Koréra et des Ségué-Kara (Kamara).

Khabou, village créé par les Soumaré-Tambagninko ; y demeurent des Soumaré-Tambagninko et des Kanouté, marabouts arrivés en 1880.

Solou, village créé par les Soumaré-Hadinko ; y demeurent des Soumaré-Hadinko, des Kamara Hokolou et des Ndiaye, marabouts des Hokolou.

Guémou, village créé par les Kamara Koyimbô ; y demeurent des Kamara Koyimbô et des Kamara Gandji.

Moulézimo, village créé par les Soumaré-Hadinko, qui y demeurent seuls.

Diogountourou, village créé par les Gassama-Gandéga ; y demeurent des Gassama-Gandéga, des Koïta, des Batchili et des Ségué-Kara (Kamara).

Diaguili, village créé par les Kébélanko-Diabira ; y demeurent des Kébélanko-Diabira, des Yatéra, des Soumaré-Hadinko, des Sakho (marabouts) et des Daramé (marabouts).

Woumpou, village créé par les Soumaré-Haïranko ; y demeurent des Soumaré-Haïranko, des Sibi (enfants des sœurs des premiers), des Diakhité (marabouts) et des Sissé (marabouts).

Oulou-Ramé, village créé par les Soumaré-Haïranko, qui y demeurent seuls.

Harr, village créé par les Soumaré-Haïranko, qui y demeurent seuls.

Danguérémou, village créé par les Gassama-Gandéga, qui y demeurent seuls.

La population du Cercle du Guidimakha était, le 1er juillet 1923, la suivante :

	Hommes	Femmes	Garçons	Filles	Total
Sarakollé.......	5.395	6.448	1.602	1.639	15.084
Bambara.......	345	462	189	96	1.092
Toucouleurs.....	307	324	86	82	799
Peuls..........	615	650	172	166	1.603
Pourognes......	288	301	83	95	767
Maures nomades.	2.947	3.065	1.000	776	7.788
Total.......	9.897	11.250	3.132	2.854	27.133

L'autre moitié, le Guidimakha du Soudan français, doit avoir une population kamara d'environ 15.000 habitants.

Catégories sociales

Chez les Sarakollé du Guidimakha, on observe les catégories suivantes :

- 1° KHORÉ ou HÔRO (gens libres)
  - TOUGOURA GOUMOU, (guerriers)
    - TOUNKA LÉMOU, } Noblesse
    - KHIRSÉ LÉMOU, } Noblesse
    - MANGOU. Bourgeoisie.
  - MODINI (marabouts)
- 2° NIAMAKHALA (gens de caste)
  - DIAROU, griots ménétriers (sing. DIARÉ) ;
  - GARANKO, cordonniers (sing. GARANKÉ) ;
  - TAGO, forgerons (sing. TAGUÉ).

3°	Komo-Khasso (descendants d'esclaves)	Dionkourounko, Wanakonko, Doubagandi Komo, Tara.
4°	Komo	Sardo, captifs acquis par héritage de père en fils ; Nanouma, captifs acquis par achat.

1° *Khoré*

Dans les Khoré (gens libres), il y a les guerriers et les marabouts ou religieux.

Les guerriers comprennent les Tounka Lémou, descendants de Gané Kamara et de Makha Malé Douo Soumaré ; les Khirsé Lémou, descendants des fondateurs des familles Gassama-Gandéga, Kébinko-Diabira, Sissé, Sokhona et Diawara ; et les Mangou, descendants des autres familles libres guerrières demeurant dans le Guidimakha ; les Mangou peuvent épouser des filles nobles, Sibi, Yaréra, Koréra, etc.

Les *Modini* descendent tous des guerriers, mais, depuis que les Sarakollé ont été islamisés, les familles qui sont devenues *Modini* le sont de père en fils : Sissé, Koïta, Diakhité, Sokhona, Sakho, Kanouté, Daramé, Silla.

Tous les *Hôro* peuvent s'épouser entre eux, mais les Kamara accordent rarement leurs filles à des Mangou.

2° *Niamakhala*

Les *Diarou* sont appelés communément griots par les Européens. Le griot est un ménétrier, mais un ménétrier chanteur, musicien composant des chansons. Il est le flatteur, le louangeur, le bouffon, le commissionnaire des amoureux, le moqueur, le farceur. Il est poète, il est l'historien de la famille à laquelle est attachée la sienne.

Chaque famille *Hôré* dispose d'une famille de *Diarou* qui vit à ses dépens.

Les *Diarou,* comme tous les *Niamakhala,* sont au-dessous des *Hôré* par le rang social, mais au-dessus des Komo Khasso et des Komo.

Les *Diarou* accompagnaient les hommes de la famille à la guerre ; ils excitaient les combattants par leurs chants et leurs cris. Au retour au village, ils chantaient la gloire des enfants de leur famille d'attache, leurs victoires, leurs faits d'armes.

Aujourd'hui qu'il n'y a plus de guerres, leur rôle se borne à raconter en chantant l'histoire de la famille, la mort héroïque des preux de cette famille, leur généalogie, etc. Chaque Diaré qui succède à son père ajoute quelque chose de son crû, suivant son intelligence et la générosité des membres de la famille à laquelle il est attaché, aux traditions qu'il a apprises de son père.

C'est le chanteur, le bouffon, l'amuseur ; c'est le danseur émérite, le clown, le moqueur.

Les *Diarou* avaient droit à l'impunité. Ils pouvaient, en chantant et en s'accompagnant de leur petit violon, dire tout : flatter, louanger, satiriser et railler. Aussi étaient-ils, et ils le sont encore, très craints. Ils vivaient des cadeaux, parfois d'une valeur élevée, que leur faisaient ceux qu'ils flattaient et ceux qu'ils raillaient, cadeaux que ces derniers leur donnaient pour les faire taire.

Les matrones (*Siĩnda*) sont des Diarou.

Tous les Niamakhala font les commissions des amoureux, il suffit de les payer.

C'est la femme du *Diaré* qui excise les fillettes.

Les *Garanko*, ou cordonniers, font tous les travaux en cuir : les selles (*khirikhou*), les pantoufles (*moukkhouni*), les bottes (*khoufouni*), les fourreaux de sabre et de couteaux (*ngana*), les gris-gris (*safayou*), etc.

Ils dansent et amusent la foule lors des réjouissances publiques.

Les femmes des Garanko tatouent les lèvres et les gencives des jeunes filles, et sont les coiffeuses officielles.

Les *Tago*, ou forgerons, dans le Guidimakha, sont à la fois ouvriers en bois et en fer, et beaucoup même sont bijoutiers. Il n'y a pas de bijoutier professionnel (*Savakhé*) ; c'est le forgeron qui fait les bijoux.

C'est lui qui circoncit les enfants.

La femme du *Tagué* fait les vases pour conserver l'eau et tous les travaux de poterie.

3° *Komo Khasso*

Ils comprennent tous les descendants d'anciens captifs ou ceux qui, par leur rang social, sont considérés comme tels ; il y a trois catégories de *Komo Khasso* :

A) *Dionkourounko*. Dans cette catégorie, se groupent :

a) Les anciens mercenaires, gens d'armes étrangers aux

pays, qui venaient se mettre à la disposition du *Tounka*, ou de ses généraux, pour faire la guerre, et qui avaient, à titre de salaire, une part du butin pris à l'ennemi. Ces gens, dont on ignorait les origines et la caste chez eux, qui sont restés dans le pays, ont donné ce nom à leur catégorie. Ils étaient toujours subordonnés aux *Hôro*, mais ils étaient au-dessus des captifs. Ils n'étaient commandés que par le Tounka, ses généraux et ses officiers, mais par personne d'autre après les guerres. Ils géraient leurs biens, en acquerraient; ils se donnaient les prénoms qu'ils voulaient, étaient régis par les mêmes coutumes et les mêmes usages qui régissaient les gens libres; ils pouvaient avoir des esclaves; ils ont une part au partage des terrains du village. Mais ils ne peuvent pas se marier ni avec les *Hôro*, ni avec les *Niamakhalo*, ni avec les *Komo*; ils ne se marient qu'entre eux.

b) Les anciens captifs libérés non pas par leur maître, mais du fait que, le maître étant décédé sans héritiers, ils sont passés à la collectivité des membres de la famille, vis-à-vis desquels ils ont certaines obligations sans pouvoir être commandés par aucun. Chez les Sarakollé, le droit à l'héritage s'arrête aux cousins germains inclus. Les anciens esclaves forment une caste spéciale qui ne doit aucun travail aux individus de la famille à laquelle ils appartiennent; mais ils doivent aux membres de cette famille aide et respect dans les circonstances suivantes: naissance, circoncision, mariage, décès.

En ces occasions, on fait, dans les familles libres dont ils dépendent, beaucoup de cuisine; les hommes aident à apporter du bois, les femmes à piler les grains, à cuisiner et à apporter de l'eau; ils tuent les moutons et les dépècent en ces occasions. Leur nom est toujours celui d'un captif. Ils ont une part dans la distribution des terrains de culture du village et, ces terrains, ils en ont la jouissance et leurs descendants en héritent comme les gens *Hôré*. Ils pouvaient acheter des esclaves, qui portaient le nom particulier de *Komo doun Komo* (captif de captif).

Ils cultivent pour eux, ne donnent du mil à personne; leurs biens sont pour eux; ils héritent et se marient entre eux; ils ne peuvent épouser ni les *Hôro*, ni les *Niamakhalo*, mais ils peuvent épouser les *Dionkourounko* de la catégorie précédente. Ils peuvent même épouser les *Wanak'ounko* et les *Doubagandi Komo*. Mais, s'ils épousaient la *Sardo* ou la *Nanouma* de quelqu'un, les enfants issus du mariage appartiendraient au maître de la *Sardo* ou de la *Nanouma*.

B) *Wanakounko*. N'existent que chez les Soumaré, Diabira et Diawara. C'étaient des voyageurs mandingues, peut-être de bonne famille, qui étaient venus, au moment des guerres, s'installer chez les Soumaré-Hadinko, les Diabira et les Diawara. Lorsqu'ils voulurent épouser des jeunes filles des familles libres citées ci-dessus, les chefs de ces familles refusèrent, mais, pour les conserver près d'eux comme guerriers, ils consentirent à leur accorder en mariage des esclaves leur appartenant, qu'ils libéraient à cet effet.

Ils forment aujourd'hui une catégorie appelée aussi *Kara-Komo*, parce qu'ils se battaient furieusement jusqu'à la mort (*kara*, mort ; *komo*, captif).

Ils se marient entre eux ; leurs enfants leur appartiennent, ainsi que leurs biens.

Mais cette catégorie de *Komo Khasso* jouit, auprès des Diabira et Soumaré, d'un privilège qu'il est utile de connaître : lorsque deux *Hôré* (deux individus libres) ont des droits égaux à être nommés chefs d'un village, en remplacement d'un chef décédé, ce sont les *Wanakounko* qui, seuls, procèdent au vote, et le candidat qui a la majorité de leurs voix devient le chef.

C) *Doubagandi Komo*. Ce sont des *Komo Sardo* ou des *Komo Nanouma* qui se sont rachetés.

Les *Doubagandi Komo* se marient entre eux ou avec la catégorie *b*) des *Dionkourounko*.

Ils étaient propriétaires de leurs biens ; ils recevaient une part des terres du village et leurs récoltes étaient à eux ; ils héritaient comme les gens libres ; leurs enfants étaient à eux, mais, s'ils épousaient une *Komo Nanouma* appartenant à quelqu'un, les enfants issus de ce mariage suivaient le sort de la mère et appartenaient au maître de celle-ci.

D) *Tara*. Captives libérées gratuitement par leur maître en vue de les épouser. Lorsqu'il s'agit d'un homme, il prend le nom de *Hôréjo*. La formule de cette libération est : « *N'da an gara Alla da.* » (Je te libère pour Dieu.)

4° *Komo*

A) *Sardo.* Etaient les captifs dont on était devenu propriétaire en se les passant par héritage de père en fils ; ces captifs devaient obéissance absolue à leur maître et travaillaient pour lui.

B) *Nanouma.* Captifs achetés et dont on faisait le commerce. Ils devaient obéissance absolue à leur maître et travaillaient pour lui.

Ces captifs, néanmoins, pouvaient acquérir des biens en cultivant pour eux-mêmes, pendant l'hivernage, en dehors des heures dues à leur maître, c'est-à-dire de 3 heures du matin à 7 heures, et, l'après-midi, de 13 heures jusqu'à 15 heures, et les vendredis ou jours de fête toute la journée ; en outre, ils disposaient de leurs enfants, s'ils n'étaient pas vendus, jusqu'à la circoncision, et ceux-ci travaillaient pour eux.

Le fruit de ce travail leur appartenait en propre et leur servait pour se racheter, ou racheter leurs enfants. Mais, vu le prix élevé du rachat, rares étaient ceux qui, malgré un travail acharné, arrivaient à économiser la somme nécessaire pour devenir *Doubagandi Komo*, et comme, à leur mort, leur seul héritier était le maître, celui-ci bénéficiait du fruit de ce travail supplémentaire.

Le maître était l'unique héritier du *Komé.*

Les captives employées à la maison ne pouvaient pas travailler pour elles ; on les désignait alors sous le nom de *Gâdo* (pluriel), *Gâda* (singulier).

Le *Komo* (Sardo ou Nanouma) ne pouvait épouser qu'une femme *Komo* (Sardo ou Nanouma). Ses enfants ne lui appartenaient jamais, ils étaient la propriété du maître de la captive mère des enfants.

Les *Komo Sardo* ne pouvaient pas être vendus ; on pouvait en hériter et, à ce moment, les enfants pouvaient être séparés de leur mère, les époux de leurs femmes, au hasard du partage ; mais, autant que possible, on attribuait au même héritier un ménage complet.

Les enfants ne pouvaient être séparés de leur mère que lorsqu'ils avaient toutes les dents du deuxième âge.

Les *Komo Nanouma* pouvaient être vendus, échangés, donnés, mis en gage, ensemble ou séparément, même s'ils s'étaient mariés ; les maîtres dissolvaient leur mariage si l'acheteur demeurait dans un autre village ; sinon, l'union continuait ; les propriétaires séparaient les enfants de la mère dès qu'ils avaient leurs deuxièmes dents.

Bien entendu, si le ménage *Komo* appartenait, l'homme à un propriétaire, et la femme à un autre, la vente de l'un des conjoints pouvait avoir lieu sans dissoudre leur union si l'acheteur demeurait dans le même village ; mais, si l'acheteur habitait une autre localité, le mariage entre les deux captifs était dissous et le maître qui vendait, suivant qu'il était le propriétaire de l'esclave homme ou de la femme, rendait ou gardait la petite dot reçue.

La dot était ordinairement très faible. Mais si l'esclave homme offrait de payer à son maître une rente annuelle de cent *moud* (mesures) de mil, il pouvait être autorisé à accompagner sa femme captive.

Un homme libre peut épouser une captive non mariée, mais, dans ce cas, si elle lui appartient, il la libère avant le mariage ; si elle n'est pas à lui, il doit la racheter à son propriétaire, puis la libérer ; le prix de son rachat constitue la dot. Cette esclave libérée, si elle a des enfants, à la mort de son mari, devient *Hôré* ; si elle n'a pas d'enfants, elle entre dans la catégorie des *Tara*.

Si le mari l'a épousée, si elle n'a pas d'enfants et si le mari la répudie pour inconduite, elle redevient *Komo Sardo* ou *Nanouma*.

Les prix des esclaves, dans le Guidimakha, étaient les suivants :

HOMMES	de la fin de la dentition à 16 ans, de 25 à 30 pièces de guinée (150 à 180 fr.) ; de 17 à 25 ans, de 40 à 50 pièces de guinée (240 à 300 fr.) ; de 26 à 40 ans, 50 pièces (300 fr.). A partir de 40 ans, le prix allait en diminuant.
FEMMES	de la fin de la dentition à 16 ans, de 30 à 35 pièces de guinée (150 à 210 fr.) ; de 16 à 40 ans, de 80 à 83 pièces de guinée (480 à 498 fr.). A partir de 40 ans, le prix allait en diminuant.

Idiome

Le *Soninkho ntiéfé* (langue des Sarakollé) leur est propre ; c'est une langue qui a beaucoup de mots communs avec la langue des Mandingues et Bambara ; parlée par les femmes, elle est agréable à entendre, car celles-ci prononcent les sons K, KH, GH avec plus de douceur que les hommes.

Religion

Les Sarakollé du Guidimakha sont tous musulmans, mais, à part les marabouts et les hommes âgés, personne ne fait les prières et n'observe le jeûne. Les deux tiers des Sarakollé ignorent tout de leur religion ; ils ne savent ni lire, ni écrire ; étant presque tous de descendance guerrière, ils n'ont aucun goût pour l'étude. Ils apprennent les prières par cœur, en arabe, sans les comprendre, et les font de même. C'est le *Modi* (marabout) attaché à la famille qui est chargé de prier pour eux.

Tous les *Modi* ne sont pas instruits. Peu nombreux sont ceux qui savent lire et écrire correctement l'arabe, et les marabouts vraiment instruits sont au maximum une dizaine parmi les Sarakollé et une vingtaine parmi les Peuls. Parmi les marabouts sarakollé instruits, on compte à peine quatre *fodia* (marabouts pouvant traduire par cœur le Coran en sarakollé). Cela n'empêche pas que tous les marabouts, instruits ou non, officient aux impositions de nom, aux mariages et aux décès ; ils connaissent les gestes rituels, et cela suffit. Les *Modini* sont *Modi* de père en fils, et le fils, même s'il ne sait pas lire, sera *Modi*. Le respect que l'on aura pour lui augmentera avec son âge, son degré de sainteté augmentant avec les ans et non pas en raison de sa valeur morale ni de son savoir.

Chaque famille guerrière a sa famille *Modi* depuis des générations.

Chez les Sarakollé du Guidimakha, il n'y a aucun personnage musulman d'envergure, et les *Modi* du pays ne dépendent d'aucune personnalité musulmane étrangère au Cercle. Ils sont tous *Tidjaniya*. Ils détiennent le *Virdou Tidjani* de leurs vieux *Modi*, qui l'avaient reçu du moqaddem Amadou Cheikhou Tall, qui demeurait à Ségou et qui était venu à Nioro en 1884 ; Amadou Cheikhou est resté à Nioro six ans ; il se sauva dans le Massina en 1890, lors de l'arrivée des Français à Nioro.

Le *Modi* soninké n'a de l'influence qu'auprès de la

famille à laquelle il est attaché ; il n'a aucune influence en dehors.

Les *Modini* sarakollé du Cercle qui sont les plus instruits, et qui ont parfois des élèves venant de l'extérieur du cercle, sont :

1° Fodia Adiétou Sissé, demeurant à Hassi-Choggar, attaché à la famille Kamara Bérani, qui enseigne la Rissala et le précis de Khalil ;

2° Fodia Adiétou Ndiaye, demeurant à Dafort, attaché à la famille Kamara Hokolou ;

3° Fodia Adamou Daramé, qui demeure à Diaguili, attaché à la famille Diabira ;

4° Fodia Bambi Koïta, demeurant à Diogountourou ; il est attaché à la famille Gassama-Gandéga.

Fodia est, en soninké, synonyme de « savant » ou de « jurisconsulte ».

Les *Modini* perçoivent le zekkât de tous les chefs de maison de la famille à laquelle ils sont attachés ; ce zekkât est égal au dixième de la récolte du chef de maison (les cultures faites par les femmes ne paient pas le zekkât). Le zekkât est payé librement ; on l'apporte au *Modi*, sans qu'il ait à le demander, ni à le réclamer. Le jour de la fête qui clôt le Ramadan, chaque personne de la famille (même l'enfant qui vient de naître) donne à son *Modi* un *moud* de mil (3 kg.). En outre, le *Modi* qui officie aux funérailles de quelqu'un hérite de tous les vêtements du défunt, même s'ils n'ont été portés qu'une fois.

Les *Modini* sarakollé du Guidimakha ne voyagent pas en dehors du Cercle et ne font aucune propagande, ni aucune quête à l'extérieur.

De même, ils attendent chez eux les parents qui veulent leur confier leurs enfants à instruire ; ils ne font aucune pression auprès des familles pour avoir des élèves, sachant d'avance combien tiède est le sentiment religieux des paysans soninké, qui préfèrent disposer de tous les bras de leur famille pour cultiver ; puis le *Modi* sait également que, plus les récoltes sont belles, plus son zekkât est riche.

Il n'y a presque pas d'écoles dans les villages, comme on le verra plus loin sous le titre « Education à l'école ».

Il n'y a qu'un seul *Modi* sarakollé dans le Guidimakha qui ait fait le pèlerinage de La Mecque : c'est El Hadj Samba Sissé, âgé de 39 ans, lequel ne s'occupe que de commerce. Il n'a même pas une école, et les affaires religieuses le préoccupent bien peu.

Les quatre *Modi* cités plus haut, ainsi que les *Sérémbé* (mot peul désignant les marabouts, au singulier *Tièrno*) peuls et toucouleurs du Cercle, qui, eux, sont instruits, voudraient bien faire le pèlerinage de La Mecque pour acquérir le titre de *El Hadj*, si apprécié dans tous les pays noirs, mais deux causes les retiennent :

1° Le prix du voyage et les frais de route ; ils sont riches, leur fortune leur permettrait de faire la dépense, mais les Sarakollé sont des paysans d'une avarice sordide ;

2° L'insécurité qui règne actuellement à La Mecque ; ils savent que la France a fait la guerre à la Turquie, qui s'était alliée à l'Allemagne ; que la France et l'Angleterre, au cours de la guerre, avaient rendu aux Arabes leur ancien Empire, que les Turcs détenaient depuis cinq siècles. Ils ont appris que le Roi ou Empereur de cet Empire s'appelait Housseïnou, que c'était un chérif originaire de La Mecque et descendant du Prophète, et qu'il avait la charge des Lieux Saints. Mais ils ont appris aussi que, depuis que le Sultan de Turquie n'est plus le gardien des Lieux Saints et qu'il n'a plus la direction de l'Islam, des bandes de pillards se sont abattus dans la région de La Mecque et Médine ; que ces pillards, qui viennent du désert, coupent les routes, pillent les caravanes, rendent le pèlerinage dangereux et que des pèlerins de race noire auraient été enrôlés de force dans les troupes du Roi du Hedjaz et d'autres emmenés en esclavage. On leur a même raconté que les pillards molestaient la police du Roi du Hedjaz, qui serait impuissante à protéger les pèlerins et même à empêcher les pillards de voler dans l'enceinte de la Kaaba.

Ils se posent donc la question : « Faut-il dépenser tant d'argent et courir tant de dangers pour obtenir le titre de Hadj que les pillards arabes ne respectent pas eux-mêmes, ne respectant même pas le Grand Chérif, ni les Lieux Saints ? » Et ils restent tranquillement chez eux.

Fêtes religieuses

Elles sont au nombre de trois.

La première est celle qui termine les trente jours de carême imposés à tout musulman. C'est le *Sounkasso Tiallé*. Quand le soleil se couche, tout le monde surveille l'Ouest pour tâcher d'apercevoir le mince croissant de la première lune, qui est le signal de la fin du jeûne et du commencement de la fête ; c'est ce qui fait qu'il arrive quelquefois que tous les villages d'un même Cercle ne font pas la fête le même jour, parce qu'ils n'ont pas vu la lune qui peut être, pour certains, voilée par les nuages.

Le premier qui voit l'astre s'écrie *Khasso*, et l'apparition de la lune est signalée par de nombreux coups de fusil ; les enfants se précipitent sur la grande place, dansant et chantant une partie de la nuit. Le lendemain matin, tous, serviteurs compris, revêtent leurs plus beaux habits, et une grande animation règne dans toutes les maisons ; les femmes sortent, des greniers, du riz (*maro*) en abondance ; il sera cuit avec la viande d'un mouton tué à cette occasion. Dès le lever du soleil, chaque chef de maison, dans ses plus beaux vêtements, se rend à la mosquée et porte, pour chacun des habitants de sa maison, un *moud* de mil, qu'il donne au marabout attaché à sa famille. Ce dernier, de tout le mil reçu, fait deux parts, une pour lui, l'autre pour les pauvres. Jusqu'au coucher du soleil, tout indigent qui se présente à la mosquée recevra une aumône, mais, passé ce délai, la part des malheureux est partagée entre tous les marabouts du village ; cette charité n'a pas de lendemain.

Vers huit heures a lieu une grande prière, après laquelle chacun regagne sa maison. Les riches tuent un mouton, les plus pauvres achètent de la viande s'ils n'en ont pas reçu en cadeau. Dans chaque maison, un plat est fait pour les enfants qui appellent leurs compagnons d'âge. Dès deux heures de l'après-midi, et jusqu'à une heure avancée de la nuit, la population se livre aux plaisirs de la danse.

Cette fête correspond au *Feter* des Maures, qui termine le Ramadan.

Deux mois et dix jours après vient le *Bano Tiallé*, ou *Tabaski*. Peu après le lever du soleil, les hommes se réunissent en dehors du village et, sous la direction du marabout le plus réputé pour son instruction et ses qualités morales, ils font la plus grande prière publique de l'année. Après quoi, ils se séparent. Chacun, rentré chez lui, doit tuer un mouton, souvent acheté plusieurs mois à l'avance et engraissé spécialement pour cette fête. Certains de ces moutons, dits de case (*Batoundo*), atteignent une grande taille ; ils s'attachent à la femme qui les a nourris, souvent plus d'une année, et, malgré la joie de la fête, plus d'une femme est navrée du sacrifice de son animal favori qui la suivait comme un chien. Les plus pauvres se mettent à plusieurs pour réunir la somme nécessaire à l'achat du mouton, ou même l'achètent à crédit. Hommes, femmes, enfants mettent leurs plus beaux vêtements ; les coiffures ont été refaites pour cette occasion. Tous les enfants se teignent le front avec du bleu (à la place de la tache de sang). Pendant trois jours, il y a de grandes danses, prolongées tard dans la nuit. C'est la fête la plus importante de l'année, pour laquelle les cultivateurs restent trois jours sans se rendre à leurs champs.

Un mois après, le dixième jour de la lune de ***Harané***, vient le ***Harané ntiallé***. C'est la fête du début de l'année musulmane. Cette fête se passe sans prière publique et sans danses, mais il est recommandé, à cette occasion, de faire beaucoup à manger et d'en faire profiter les malheureux. Dans la journée, de grands plats sont cuisinés et, dès le coucher du soleil, tout le monde prend part au festin. Dès qu'il est terminé, tous rentrent dans les maisons. La croyance générale locale veut que ce soit cette nuit-là que Dieu compte les hommes sur la terre, et désigne ceux qui doivent mourir dans le courant de l'année qui commence.

A cette occasion, les enfants demandent des cadeaux en chantant. Par groupes, ils vont de maison en maison et, devant la porte, ils chantent :

« *Ori régué Allah-da.* » (Nous sommes venus danser pour Dieu.)

Le chœur répond : « *A no kou.* » (Il nous donnera.)

Puis ils continuent : « *Allah Siré-nda.* » (Pour Dieu généreux.)

R. : « *A no kou.* » (Il nous donnera.)

« *Faré na khandio.* » (L'envoyé le suppliera.)

R. : « *A no kou.* » (Il nous donnera.)

« *Annabi na khandio.* » (Le Prophète le suppliera.)

R. : « *A no kou.* » (Il nous donnera.)

« *Illé na bogouré.* » (Le mil sortira.)

R. : « *A na bogou.* » (Il sortira.)

« *Illé hkoullé na bogouré.* » (Le mil blanc sortira.)

R. : « *A na bogou.* » (Il sortira.)

« *Maro na bogou.* » (Le riz sortira.)

R. : « *A na bogou.* » (Il sortira.)

« *Maro khoullé na bogouré.* » (Le riz blanc sortira.)

R. : « *A na bogou.* » (Il sortira.)

« *Kagoumé do kompé.* » (Le chef de maison est chez lui.)

R. : « *Lillîli.* » (Silencieusement.)

« *Kagoun'n'dallaté.* » (Le chef de maison vivra longtemps.)

R. : « *Lillîli.* » (Silencieusement.)

Si le chef de maison leur donne quelque chose : sucre, couscous ou argent, ils s'en vont ; s'ils n'ont rien eu, avant de s'éloigner, ils chantent encore à haute voix, de façon à ce que tous les voisins l'entendent :

« *Harina guiné mboto.* » (Que Dieu perce la marmite.)

R. : « *Timbombo.* » (Onomatopée.)

« *Guina tin khoté mboto.* » (Qu'il perce le fond dur de la marmite.)

R. : « *Timbombo.* » (Onomatopée.)

Puis ils s'en vont.

Le lendemain, les enfants d'un même groupe partagent entre eux ce qu'ils ont reçu ensemble.

Il n'y a pas d'autres fêtes religieuses, le *Mouloud*, anniversaire de la naissance du Prophète, n'étant pas fêté par les Sarakollé.

Fêtes de famille

La naissance d'un enfant (*Saré kôta*) ne donne lieu à aucune fête ; le père reçoit seulement de ses parents et de ses amis les félicitations d'usage, mais il n'y a aucune réjouissance, l'enfant étant, jusqu'à l'imposition du nom, sous la menace des génies (*djinani*), et la mère ayant, jusqu'à la même époque, « sa tombe ouverte » (voir le proverbe au chapitre de la naissance).

La fête de l'imposition du nom (*Rémé Siindé*), qui a lieu le septième jour après la naissance, reste toute intime ; il n'y a pas de danses ; le père tue un mouton, parfois un bœuf, s'il est riche, et, seul, un repas plus copieux que d'habitude marque cet événement.

La première véritable fête est celle qui a lieu au moment de la circoncision du garçon, fête décrite tout au long plus loin (voir « Circoncision »).

Les fiançailles se font également très simplement et ne donnent lieu à aucune réjouissance ; cela ressemblerait plutôt à la conclusion d'une affaire commerciale où les parents des deux parties se mettent d'accord sur la valeur d'une dot, qui ne sera souvent payée que bien longtemps après.

Le mariage est pour la femme la seule circonstance de sa vie qui donne lieu à une véritable fête. Elle est amenée par ses compagnes dans la maison de son mari, au milieu des chansons, accompagnée d'un orchestre ; en même temps qu'elle, sont apportés ses bagages, pagnes, vêtements, etc., entassés dans des paniers ou d'énormes calebasses portées sur la tête ; plus la femme a de paniers, plus elle sera considérée ; mais parfois, s'il arrive que le vent soulève le pagne qui recouvre l'un d'eux, on s'aperçoit qu'il est vide, incident rare heureusement pour la vanité des femmes. Les fêtes du mariage comportent une grande danse qui dure plusieurs nuits, pendant lesquelles sont tirés des coups de fusil lorsque la femme, mariée pour la première fois, est tenue pour vierge par son mari.

Enfin, sans faire entrer le repas qui suit les funérailles dans les fêtes, on ne peut passer celui-ci sous silence, un repas plantureux étant la base de toute réjouissance. A l'occasion des funérailles, chaque parent apporte avec lui un mouton en venant faire ses condoléances. Une fois l'enterrement terminé, chacun revient dans la maison du défunt ; les moutons sont égorgés, de grandes quantités de mil pilées, et un repas copieux se poursuit fort avant dans la nuit, pendant lequel il n'est pas toujours question que du parent décédé.

Agriculture

Il ne faut pas comparer la densité de la population du Cercle avec sa superficie ; il faut comparer la densité de la population à la superficie des terres défrichées, c'est-à-dire à l'importance de la main-d'œuvre ; en effet, tant que la culture du pays n'aura pas recours aux machines agricoles, la main-d'œuvre étant toujours la même en tant que quantité, qualité et rapidité de travail, les indigènes défricheront des nouveaux terrains, qu'ils cultiveront, mais ils abandonneront les anciennes terres fatiguées, qui resteront en jachère pendant cinq et six ans.

Du reste, l'aptitude de cette main-d'œuvre n'est pas égale partout ; les dispositions et l'effort productif sont différents suivant que l'individu appartient à l'une des races qui peuplent le Guidimakha.

Le Sarakollé, cultivateur par excellence, sème, dès la première pluie suffisante, les diverses graines que la terre peut féconder ; les individus adultes (hommes ou femmes) procèdent aux semailles et, ensuite, les enfants surveillent la terre, sarclent, retirent les mauvaises herbes ; quelques mois plus tard, les adultes reviendront pour la moisson. Au bout de cinq ans, le cultivateur va ailleurs défricher une nouvelle terre, tandis que l'ancienne est abandonnée aux mauvaises herbes, qu'on fera brûler tous les deux ans ; on y reviendra un jour, lorsqu'il faudra laisser reposer l'autre, mais, sur la nouvelle terre, on amènera tous les bras, ceux de toute la famille.

Les femmes, en outre, cultivent et récoltent personnellement le riz, l'arachide, l'indigo et le maïs ; le produit de ces récoltes leur appartient.

La surface cultivée totale du Cercle appartient pour les deux tiers aux Sarakollé, qui forment la majorité de la population.

Les cultures faites par les Sarakollé sont :

Le mil dit *Illé niobougou*, qui se reproduit dans la proportion de 500 pieds pour 1 ;

Le mil *mangagné*, qui donne 300 pour 1 ;

Le mil *souma* (1 kg. de semence de ce mil ne produit que 200 kg., mais il est plus facile à cultiver et craint moins le vent ; les grains sont agglomérés autour d'une tige en forme d'écouvillon ou de gros bâton à encens) ; — la surface cultivée en mil équivaut à 14.000 hectares ;

Le maïs (*makka*) ; surface cultivée : 2.000 hectares ;

Les haricots (*mollé*), grands et petits ; surface cultivée : 10 hectares ;

L'indigo (*gara*) ; surface cultivée : 32 hectares ;

Le coton (*kotollé*) ; surface cultivée : 42 hectares ;

Les arachides (*tiga*) ; surface cultivée : 1.000 hectares ;

Le riz (*mâro*) ; surface cultivée : 400 hectares.

Particularité curieuse, la culture du riz est pratiquée uniquement par l'élément féminin de la population ; et encore est-elle spécialisée aux femmes sarakollé, à quelque caste d'ailleurs qu'elles appartiennent.

Autre particularité, le produit de la récolte appartient aux cultivatrices, qui en font ce qu'elles veulent. Le chef de famille n'y a aucun droit.

Une partie de la récolte est cédée au mari contre du mil, produit de la culture masculine ; une autre partie est employée aux achats du coton nécessaire à l'habillement. Le reste est vendu, pour que le gain ainsi réalisé soit utilisé à l'achat d'or ou de bestiaux, par exemple, bien qui reste propriété personnelle de la femme.

La femme sarakollé, très courageuse et travailleuse, robuste et résistante, fait montre, pendant toute la période de culture, d'une remarquable activité qu'aiguillonne sans doute l'espoir du gain.

Dès la fin de mai, les femmes assurent le premier travail des rizières, qui consiste à désherber avec soin ; les herbes, mises en tas, sont brûlées ; la cendre obtenue est répartie sur toute la surface du terrain.

Dès la première pluie, toute la partie féminine de la famille, femmes, filles, domestiques, se transporte sur la rizière et prépare le sol à la houe (*fanti*), travail très pénible, la terre étant encore très dure. Le labeur est alors intense ; les équipes labourent du lever au coucher du soleil, avec un simple repos d'environ une heure au milieu du jour.

Ce labourage (*kobindé*) effectué sur une faible profondeur a pour but de mélanger la terre à la cendre et, grâce à la légère humidité du sol, de permettre une bonne incorporation des principes fertilisants. Il assure également l'aération de la terre, qui est désormais prête à recevoir la semence.

La cultivatrice du Guidimakha est prudente et avisée ; elle ne jette pas son grain à l'aventure. La chute d'eau des premières tornades est souvent insuffisante ; à deux ou trois pluies rapprochées fait suite une période de sécheresse ; le grain ne germe pas, ou croît mal, ou meurt avant que l'inondation arrive pour le sauver.

La femme indigène attend donc que la terre retournée soit mouillée sur une profondeur de $0^{m},20$ au minimum pour semer son riz. Cette opération s'effectue au milieu d'une activité très curieuse à voir. Elle a lieu généralement vers la mi-juillet.

La semeuse lance le grain à la volée tout autour d'elle (*sankhindé*), puis, avec le *fanti* (petite houe), le mélange à la terre. Tout le champ est ensemencé de la sorte.

L'apparition des jeunes pousses est guettée avec une grande impatience et une certaine inquiétude. Il faut, en effet, que les plants aient atteint un certain développement et une certaine résistance avant que l'inondation ne recouvre le champ.

Si cette inondation ne se réalise pas, la culture est perdue pour l'année. On ne peut, en effet, recommencer les ensemencements sur des terrains désormais recouverts d'eau pendant toute la période propice à la végétation du riz. A la décrue, il serait trop tard. Adieu alors au grain que procure l'abondante et grasse récolte ; adieu beaux bijoux pesants d'or du Galam et pagnes solides ; adieu troupeaux. La Perrette noire se lamente.

Pour éviter la catastrophe que constitue une inondation prématurée des rizières, l'eau des marigots est retenue à l'aide de barrages ; malheureusement, soit par suite de défaut dans le travail d'endiguement, soit à cause de l'abondance ou de l'impétuosité des crues, il arrive parfois que les barrages cèdent.

Il arrive aussi que l'eau de pluies trop abondantes ou trop rapprochées transforme les rizières en marécages et noie les jeunes plantes.

Cette culture présente donc, à ses débuts, des aléas sérieux. Aussi les éléments, pendant cette période, sont-ils guettés avec une grande attention.

Le riz, ayant atteint une taille suffisante, ne craint plus l'eau devenue indispensable à sa bonne venue ; il lui faut alors des pluies abondantes et bien réglées.

Tout le travail, pendant les mois d'août et de septembre, consiste dans le sarclage des nombreuses herbes et surtout du riz sauvage, principal ennemi végétal du riz cultivé, auquel il nuit beaucoup.

Ce riz spontané est très vivace et, comme l'emplacement des rizières est choisi de préférence dans les bas fonds, ses habitats de prédilection, la lutte est sérieuse.

La récolte a lieu en octobre.

Le Guidimakha produit une quantité relativement importante de riz, et la culture de cette céréale se développe d'année en année. Mais, comme il suffit d'une période de quinze à vingt jours de sécheresse pour que la récolte soit fortement compromise, sinon réduite à néant, les femmes sarakollé, comme d'ailleurs presque toutes les autres habitantes du Guidimakha, qui ont adopté leur caractère de prudence agricole, ne se défont, sauf en cas de nécessité absolue, de leur réserve de riz de l'année précédente qu'au moment où les cultures sont suffisamment avancées pour leur assurer la garantie d'un renouvellement de leur stock.

Les hommes agissent, d'ailleurs, de même pour les réserves de mil.

Cet esprit de prévoyance est particulièrement heureux et évite à la population bien des heures sombres aux mauvais jours.

Dès la récolte, qui a lieu du 15 au 30 octobre, le paddy est séché sur place pendant environ un mois, puis engrangé. Il peut alors être décortiqué.

Mais la population féminine, épuisée par quatre mois de dur labeur passés sous la pluie et le soleil, au milieu des moustiques, à défricher, labourer, semer, sarcler, lutter contre les herbes envahissantes, puis à défendre jour et nuit la récolte contre les oiseaux, les singes et les sangliers, aime, sitôt terminé l'engrangement de la moisson, se reposer une quinzaine de jours en filant le coton.

Il faut alors entreprendre le décorticage des quantités de riz qui, dès janvier, doivent être vendues à l'Administration militaire pour la nourriture des troupes.

Le mode de décorticage usité est long et défectueux, nuit à la qualité et à la blancheur du grain, et occasionne un déchet considérable, qui peut être évalué à 50%.

Le paddy est d'abord cuit dans de petits récipients, les seuls que possèdent nos laborieuses ouvrières ; l'opération est donc de longue durée.

Cette cuisson est préférée au pilonnage à froid, qui demande encore plus de temps et produit en outre un riz tellement brisé que sa conservation en est rendue difficile et que le consommateur ne le recherche pas : d'où dépréciation de valeur. Lorsque le pilonnage à froid est pratiqué, le riz est ensuite trié ; les grains intacts sont vendus au public, ou livrés à l'Administration militaire, et les brisures servent à l'alimentation familiale.

Après une cuisson à l'eau chaude, qui a pour but de crever l'enveloppe, opération particulièrement délicate et qui nécessite une surveillance constante, le paddy est séché au soleil ; cette dessiccation doit être également surveillée. Il est ensuite décortiqué au pilon.

Il résulte de ce qui précède que la quantité de paddy qu'une femme peut traiter chaque jour est assez restreinte. En outre, au décorticage, le déchet en pellicules, poussières, farine de riz, brûlures, poudre rouge est de

45 à 50 % ; cette proportion varie suivant l'adresse de l'ouvrière, tant à la cuisson qu'au pilonnage.

Le riz est vendu aux Noirs à l'état de paddy. L'acheteur le préfère en cet état, dans lequel il l'emmagasine. Il se conserve mieux ainsi. Toutes les femmes noires savent plus ou moins bien décortiquer le riz, opération à laquelle elles se livrent, suivant le procédé indiqué ci-dessus, au fur et à mesure des besoins de leur famille. Vers le mois de janvier 1922, le prix de vente du paddy était de 5 francs les 10 *moules* de 1 kg. 750, soit 0 fr. 28 à 0 fr. 29 le kilogramme, livré dans la cour de la cultivatrice. Le commerce de Bakel est un gros acheteur de riz décortiqué du Guidimakha.

Au contraire des Noirs, les Maures et le commerce n'achètent le riz que décortiqué.

Le prix de vente est généralement, au début, de 0 fr. 75 le kilogramme, pris sur place.

La vente du paddy à 0 fr. 28 ou 0 fr. 29 et celle du riz à 0 fr. 75 ne s'effectue que jusqu'à concurrence de la somme dont la famille a besoin pour achever de payer ses impôts. Puis c'est l'attente de la demande et la hausse se produit. Ainsi, le paddy, qui valait 0 fr. 28 le kilogramme en janvier 1922, s'est vendu quelques mois après, en juin, à raison de 0 fr. 71.

L'usage de machines à décortiquer le riz procurerait certainement une importante augmentation de la récolte utilisable, par suite de la diminution des déchets, et vaudrait donc, à la si intéressante population féminine du Guidimakha, un sérieux bénéfice supplémentaire.

L'Administration locale se préoccupe de lui procurer gratuitement, à titre de récompense et d'encouragement, une décortiqueuse simple et, si possible, portative. Il n'est pas impossible qu'en présence des résultats obtenus, l'usage de ces appareils ne se généralise ensuite dans la contrée et qu'en outre l'élément masculin, gagné par l'exemple de ses laborieuses compagnes, et aussi par l'attrait des bénéfices, ne se mette à son tour à la culture du riz.

Elevage

Les Sarakollé font l'élevage de bœufs, de moutons, de chevaux et d'ânes. Sur 15.802 bovins, 122.253 moutons et chèvres, 787 chevaux et juments, 3.116 ânes et ânesses que possède le Cercle au total, comme il résulte du recensement fait le 1er juillet 1923, 5.055 bovins, 3.589 moutons et chèvres, 601 chevaux et juments et 820 ânes et ânesses leur appartiennent.

Chaque maison est une petite ferme, possèdant les animaux nécessaires à ses besoins.

Ils élèvent tout particulièrement des chevaux et des ânes, dont les produits sont vendus au Sénégal et en Gambie.

Malheureusement, depuis plusieurs années, la peste bovine et la péripneumonie sévissent dans le Cercle, faisant des ravages dans le cheptel, mais, grâce aux efforts de l'Administration, le service zootechnique de la Colonie a entrepris une lutte anti-épizootique énergique qui donne des résultats appréciables, permettant d'espérer que ces terribles fléaux finiront par disparaître.

Industries

1° Industrie du coton

Cette industrie est exercée dans sa première partie (culture du cotonnier, égrenage, cardage et filage du coton) par les femmes, et, dans sa deuxième partie (tissage), par les hommes, les tisserands (*mirâno*).

Toutes les femmes, les jeunes filles et même les fillettes, à quelque caste qu'elles appartiennent, cultivent, égrènent, cardent et filent le coton.

Le coton brut, pour être remis aux tisserands, qui en confectionnent de bonnes et solides étoffes, parfois très jolies, doit être travaillé ; ce travail est fait uniquement par les femmes.

Le coton, aussitôt cueilli, est séché, puis battu, peigné et ouvert avec les doigts, il est ensuite égréné.

Egrenage (*goursindé*). — Les femmes enlèvent les graines du coton de la façon suivante : un peu de coton brut est mis sur une pierre plate (*gourou-si guidé*) ; elles passent dessus une tige de fer cylindrique (*gourou-si fountié*), en appuyant fortement et en chassant en avant les graines, qu'il ne faut pas écraser car, contenant de l'huile, elles saliraient le coton. Cette tige de fer, de 0m,35 de long et de 0m01 de diamètre en son milieu, n'a que 0m,005 à ses extrémités. Les graines, poussées par la tige de fer en dehors de la pierre, tombent.

Les graines sont mises au soleil, puis emmagasinées précieusement pour être semées au prochain hivernage. Un plant de cotonnier bien soigné donne du coton pendant trois ans.

Le coton égréné se nomme *lèpa ousma.*

Cardage (*yessandé*). — Le coton égréné est cardé au moyen d'une paire de cardes (*yésâdou*) d'importation américaine, d'un usage général. Le coton cardé prend le nom de *lèpa éssanté.*

Filage (*ouroundé*). — Le coton cardé est roulé lâchement autour d'un roseau qui sert de quenouille (*morogallé*), de $0^{m},25$ de long ; puis, à l'aide d'un fuseau (*mondiollé*), on procède au filage proprement dit. Ce fuseau est en tige de palmier, arrondi, de 2 à 3 millimètres de diamètre et de $0^{m},25$ à $0^{m},30$ de long, terminé par une pointe passée dans une boule d'argile séchée et cuite que confectionnent les *taga yakhrou* (forgeronnes) ; cette boule fait l'office de volant ; elle se nomme *mondiolli tigné.*

Pour filer, la femme prend le fuseau de la main droite ; elle colle un peu de coton de la quenouille sur le bois du fuseau et elle commence à tirer ; ensuite, elle imprime un mouvement de rotation au fuseau avec le pouce et l'index, qui ont été enduits au préalable de chaux, que l'ouvrière a à côté d'elle dans un petit pot en terre cuite (*mémâdé mbelo*) ; en tournant, le fuseau tord le fil et l'allonge. Pour donner le mouvement de rotation au fuseau, la fileuse, assise sur une natte, le fait tourner sur un morceau de cuir (*toukâdé*) ou un morceau de calebasse. Le fil est égalisé en même temps ; la main gauche, qui tient la quenouille, reste élevée ; la main droite parcourt le fil, en écrasant les aspérités, et revient donner au fuseau le mouvement de rotation.

Lorsque le fuseau a sa charge de fil, on en prend un autre, et ainsi de suite.

Les femmes soninko sont des fileuses habiles ; elles font rapidement toutes ces opérations et elles varient à volonté la finesse du fil et sa résistance, suivant qu'elles font une chaîne (*guessé*), ou une trame (*fallé*), ou qu'elles projettent un vêtement d'été ou d'hiver, de travail ou de fête.

A l'heure actuelle, des colporteurs vendent du fil

(*bollo-si*) en écheveaux des nuances suivantes : blanc (*bollo-si khoullé*), jaune (*bollo-si verti*), rouge (*bollo-si doumbé*), ocre (*bollo-si goro*), bleu clair (*bollo-si beuleu*), vert (*bollo-si khallé*) et bleu noir (*bollo-si binné*). Les femmes aisées en achètent et le mélangent à leur fil.

Lorsqu'elles veulent s'en servir pour la trame (*fallé*), ou pour la chaîne (*guessé*), elles l'enroulent d'abord sur des fuseaux longs (*doradé*), portant à l'extrémité inférieure un grand volant en bois dur de 0m,10 de diamètre appelé *doradé tigné*. A cet effet, elles dévident les écheveaux à l'aide d'un tourniquet appelé *vassadé* ; ce tourniquet se compose de trois parties : le croisillon, formé de deux étroites planchettes de 0m,07 de largeur, de 0m,01 d'épaisseur et de 0m,70 de longueur (à l'extrémité des planchettes sont fixés quatre bouts de bois de 0m,20 à 0m,25 de longueur et de 0m,005 de diamètre ; au centre du croisillon est un trou qui permet de le placer en équilibre sur le pylone, lequel a, à son extrémité, un clou qui forme le pivot) ; le pylone et le pied, ou base, qui a la forme d'une boîte, dans laquelle l'ouvrière met son fil, ses fuseaux, etc.

On place l'écheveau de fil d'importation sur les quatre fiches du *vassadé* et on dévide, tout en enroulant le fil autour du *doradé*, que la femme fait tourner entre le pouce et l'index de la main droite.

Lorsque l'on veut charger les bobines (*dora*), on introduit la bobine, qui est en roseau creux de 0m,16 de long et de 0m,01 de diamètre, sur un autre *doradé*, et on fait passer le fil du premier *doradé* à la bobine en imprimant un mouvement de rotation aux deux *doradou*, actionnés chacun d'une main.

Ourdissage (*guéssoundé*). — Pour ourdir, c'est-à-dire pour préparer les fils avant de les remettre au tisserand qui les fixera sur le métier, on dispose à terre deux piquets (*guéssoundi tonto*) donnant la longueur de la chaîne, puis, près de l'un d'eux et dans leur intervalle, on fixe un troisième piquet. Les deux les plus rapprochés portent le nom de *kansiré* et le plus éloigné s'appelle *khambouré*.

On dévide alors le fil enroulé sur un fuseau, en allant d'un piquet extrême à l'autre et en ayant soin de croiser le fil autour du troisième piquet intermédiaire ; pour cela, il suffit de passer le fil à gauche de ce piquet en allant, et à droite en revenant. Au début de l'opération, on a fixé le fil du fuseau au premier piquet extrême.

Pour dévider le fil sur les piquets, la femme porte le fuseau dans la main droite ; elle va, revient, etc. ; pour permettre au fuseau de tourner librement, elle place son extrémité inférieure dans un *dora* (bobine) qu'elle tient fortement dans la main.

Tissage. — Il n'y a pas de caste spéciale de tisserands ; tous les hommes appartenant aux catégories des *komo-khasso* et *komo* sont tisserands (*mirana*). Dans l'ancien temps, les femmes préparaient le coton, comme cela vient d'être dit, à partir du 15 décembre (après la rentrée de la moisson), et leurs esclaves mâles tissaient au fur et à mesure les pagnes que les femmes teignaient avec l'indigo cultivé, puis préparé par elles.

Aujourd'hui, les anciens esclaves, devenus les domestiques ou serviteurs, tissent pour leurs maîtresses, gratuitement, et, pour les particuliers, aux prix ci-après :

a) Pagnes blancs de huit bandes, de quatre coudées de longueur chacune (dont deux plus longues que les autres de la longueur d'un doigt) et d'une largeur de $0^{m},20$: 3 francs, le coton étant fourni par la femme, bien entendu;

b) Pagnes de plusieurs couleurs intercalées (mêmes dimensions) : 5 francs.

Chaque tisserand possède deux lices (*nirou*), un peigne de tisserand (*khoré*), un rouleau (*matarda*), plusieurs navettes (*waladou*) et plusieurs ficelles. Ce sont ses outils principaux, qu'il transporte avec lui, car le tisserand se rend à domicile, c'est-à-dire qu'il va d'un village à l'autre ; si, dans un village, plusieurs tisserands se trouvent ensemble, ils se groupent dans un atelier en plein air appelé *mira djikkou*, ou dans une maison de *komo-khasso* ou de *komo*, où ils dressent tous, les uns à côté des autres, leurs métiers (*mira niokkou*) ; et ils travaillent tout en bavardant. Ils font aussi des paris de vitesse : l'enjeu est constitué par des colas, que les concurrents et les clients paient au gagnant.

Le bâti du métier est établi avec des bois coupés dans la brousse.

La première pièce du bâti est le rouleau, qui se trouve devant l'ouvrier et sur lequel on monte la chaîne. Pour cela, les fils sont attachés entre eux à leur extrémité à l'aide de petites mèches dans lesquelles on passe une baguette. On pince cette baguette le long du rouleau en enroulant une fois ou deux la chaîne.

Les deux extrémités du rouleau sont passées dans deux courroies fixées à deux supports qui soutiennent la toiture abritant le *mirana* du soleil ; ces supports sont enfoncés dans le sol. A un mètre et demi de ces deux premiers supports, sont plantés deux autres supports auxquels est attaché un bois transversal sur lequel passe la chaîne. Celle-ci est enroulée en forme de pelotte et placée dans un sabot de bois (*khirâdé*). Pour que la chaîne soit toujours suffisamment tendue, on charge le *khirâdé* de pierres.

Pour donner plus de solidité à l'ensemble du métier, les quatre supports sont reliés par des bois horizontaux.

Vers le milieu de ces bois horizontaux, on fixe un bois parallèle au rouleau, qui sert de point de suspension à la poulie, autour de laquelle se meut la courroie fine qui soutient les deux lices. Celles-ci peuvent être ainsi levées alternativement pour produire le croisement des fils autour de la trame.

Enfin, sur un autre bois horizontal, se trouve une autre traverse à laquelle est suspendu le peigne.

L'instrument que le tisserand a toujours avec lui est la navette (*waladé*) ; c'est une espèce de petite pirogue en bois de 0m,20 à 0m,25 de longueur, creusée en son milieu et pointue aux deux bouts, non évidés, dans lesquels un petit trou permet d'introduire, en la bandant comme le bois d'un arc, une petite baguette de palmier. Sur cette baguette tourne la bobine chargée de fil pour la trame.

Au-dessus de ce métier, une natte protège le *mirana* des ardeurs du soleil.

Au-dessous, un trou de 0m,40 de profondeur, de 0m,70 de large et de 1m,25 de longueur a été creusé dans le sol. Le tisserand s'assied sur le bord de cette tranchée, du côté du rouleau, et allonge ses pieds sur deux baguettes qui sont fixées chacune à une lice ; ces baguettes sont les pédales à l'aide desquelles le tisserand lève alternativement l'une et l'autre lice.

On obtient avec ces métiers des bandes de cotonnade de 0m,20 à 0m,25 de large, de différentes grosseurs ; pour faire un vêtement, il faut assembler les bandes. Les différents dessins sont réalisés par le *mirana* en combinant les fils de la chaîne, ou en variant la couleur du fil des bobines.

Un pagne nécessite de sept à huit bandes de quatre

coudées (2 m.), et un *mirana* ordinaire peut faire, une fois les fils sur le rouleau, en travaillant de 6 heures à 11 heures et de 13 heures à 18 heures, 20 mètres de bande blanche et seulement 15 à 16 mètres de bande de couleur.

2° Industrie de la teinture

Ce sont les femmes, de toutes catégories ou castes, qui se livrent à ce travail ; on peut dire que, dans chaque maison, il y a une petite teinturerie.

L'indigo (*gara tiokhôdi*) est cultivé par les femmes également.

On ne teint, dans le Guidimakha, qu'avec de l'indigo, et on obtient depuis la couleur bleu de ciel (*bakha*) jusqu'au bleu marine (*bakha binné*).

Voici le travail que font les femmes pour préparer la teinture (*gara*) et pour teindre :

1° Après l'hivernage, les femmes retirent les feuilles de l'indigotier (deux fois en un même hivernage) ;

2° Elles mettent les feuilles à sécher au soleil ;

3° Lorsque les feuilles sont bien sèches, elles les mettent à tremper dans de l'eau pendant trois heures ;

4° Elles enlèvent les feuilles de l'eau et les mettent à égoutter sur une natte ; l'eau qui s'écoule est rouge ;

5° Dès qu'il est bien égoutté, on met l'indigo en tas, on le recouvre avec des linges ou de grandes calebasses, en dehors de la maison, et on l'y laisse ainsi pendant deux jours ;

6° Après ces deux jours, on découvre l'indigo et on l'étend au soleil pendant un jour ;

7° Pendant ce temps-là, on a fait couler de l'eau sur des cendres provenant de la combustion de branches de *wayé* ;

8° On met l'indigo dans un grand vase en terre et on verse dessus l'eau des cendres, puis on le laisse macérer dans cette eau pendant cinq jours ; le vase est placé sous une véranda ;

9° Au bout du cinquième jour, on remue avec un grand bâton (*gara tiollé*), pour bien désagréger la pâte formée par l'indigo et pour empêcher que des boules ne se forment ; on remue ainsi plusieurs fois pendant une journée ;

10° Le lendemain, si, en trempant la main, les ongles

de l'ouvrière sortent noirs de la pâte, elle ajoute un peu d'eau de cendres mélangée à de l'eau ordinaire tiède ;

11° On place sur le vase un couvercle ; au bout de deux à trois jours, le couvercle est soulevé : la teinture est prête.

Pour teindre, on trempe le tissu dans la teinture ainsi préparée et on l'y remue une ou deux fois, de façon que toutes ses parties soient bien imbibées ; ensuite, on le retire, on le trempe dans l'eau ordinaire froide et on le met à sécher ; si le tissu n'a pas atteint le degré voulu, on recommence l'opération l'après-midi, et ainsi de suite.

Lorsqu'on a fini de teindre et que l'indigo a perdu ses propriétés, on s'en sert comme engrais dans les champs de coton.

Il y a des teinturières très adroites qui obtiennent de très jolis coloris ; d'autres cousent une partie de l'étoffe de certaine façon pour empêcher que la teinture n'atteigne ces parties et obtiennent ainsi des dessins jolis et curieux.

Le salaire de la teinturière est le suivant : pour un pagne unicolore, 2 fr. 50 ; pour un pagne bariolé, 5 à 7 fr. 50 ; pour un pagne noir foncé (*moko* ou *polmati*), 40 à 50 francs.

3° Industrie du bois, du fer, de l'or, de l'argent et du cuivre

Ce sont les *Tago* (forgerons) qui exercent toutes ces industries ; il n'y a pas, comme dans d'autres races, une caste spéciale pour le bois, une pour le fer, une pour les bijoux.

Outillage pour le bois :

Marteaux : *foullâdou* ; un grand (*khoré*) ; un moyen (*nakhando*) et un petit (*fodou tougounné*) ;
Vilebrequin genre drille va-et-vient : *drima* ;
Ciseau à bois : *sissô* ;
Maillet : *khampa* ;
Herminette : *séouta* ;
Hache : *idé* ;
Râpe à bois : *khassadi khayé*.

Objets en bois faits par les *Tago* :

Portes de case : *bâfou* (plur.), *bafé* (sing.) ;
Arçons de selle : *khirkhi nkhottou* ;

Cannes ouvragées : *khôfo ngoumo* ;
Manches d'outils : *kharé* ;
Coffres : *wakhandou* ;
Piquets pour attacher les chevaux : *si ntonto* ;
Rouleaux de tisserand : *matawa* ;
Navettes : *waladou.*

Outils pour le fer :

Pince longue : *khampa* ;
Tenailles : *khampa ngourmo* ;
Lime : *khassadé* ;
Fer à souder : *soudandi mékhé* ;
Marteaux : *foullâdou* ;
Ciseau à froid : *sissô* ;
Poinçon : *bounné* ;
Soufflet de forge : *tountou* ;
Tuyau de forge : *marakhé* ;
Enclume : *tâné* ;
Burin : *boun khôré* ;
Alène : *bounné.*

Objets en fer faits par les *Tago* :

Haches : *idou* ;
Houes (grandes) : *tongou* ;
Houes (petites) : *fantini* ;
Poignards : *diorokho labou* ;
Sabres : *kafo* ;
Réparations de fusils : *marfa guémoundou* ;
Cadenas : *gofoloni* ;
Clefs : *kharou lemmou* ;
Plantoirs : *sakhadou* ;
Lampes indigènes : *fitili méghé* ;
Fers d'herminette : *séouto* ;
Mors pour chevaux : *kharabou* ;
Etriers : *alkébou* ;
Bridons : *farammou* ;
Outils pour ouvriers en fer : *méghé gollinia niokkou* ;
Outils pour « garanké » : *garanka niokkou* ;
Fer à égréner le coton : *goursi fountié* ;
Ciseaux : *khémétiou* ;
Aiguilles : *messellou.*

Forgeron-bijoutier. — Outils du bijoutier (*savâkhé*) ; ce sont les mêmes que ceux du forgeron et, en plus :

Brique cuite avec rigoles pour couler les métaux : *toufa* ;
Creuset en terre : *dori nguina lemmé* ;
Creuset en fer : *méghé nguina lemmé* ;
Petite pince : *khampa lemmé* ;
Pèse-or et trébuchet : *midioni* ;
Petits poids : *khentièndi khottou* ;
Poids de 1 gros (4 grammes 1/2) : *minkhallé.*
Argent : anneaux en argent pour bras : *kitti-ra ngodo* ;
Anneaux en argent pour pieds : *ta-ra ngodo* ;
Bagues en argent pour la main : *kitti-ra doromo* ;
Bagues en argent pour le pied : *ta-ra ndoromo* ;
Anneaux en chaîne pour les pieds : *khalissi souroumou* ;
Bracelets de bras fermés, à charnière et ouvragés : *galbéni* ;
Porte-amulette ouvragé, grand modèle, pour femme : *khalissi safayé* ;
Petit porte-amulette pour homme : *diéllé* ;
Anneaux d'argent pour oreilles : *khalissi khorsi* ;
Têtière pour chevaux, en argent : *khalissi nkharbi diongâdé* ;
Or : boules ouvragées et filigranées : *kan goubo* ;
Boucles d'oreilles en or : *kan dobbé* ;
Ornement en or pour les cheveux des femmes : *kan khoulla lâti* ;
Ornement en or pour les cheveux des femmes (en croix) : *kan kâdié* ;
Pendentif de cou : *kan khotté* ;
Grand pendentif que les femmes portent sur la poitrine : *kan tiafayé.*
Cuivre : tous les bijoux ci-dessus, mais le mot *kan* (or) est remplacé par *diakha vallé* (cuivre) ;
Têtière des chevaux : *kharabé diongâdé* ;
Collier pour chevaux : *khalango* ;
Ornementation des poignards : *labo gnimé.*

Salaire. — Pour les travaux d'argent, le client paie au forgeron-bijoutier 0 fr. 50 par 25 grammes ; pour l'or, 1 franc par *minkhallé.* Pour les autres articles, il faut débattre le prix avec le forgeron lors de la commande.

4° Industrie de la poterie

Cette industrie est exercée par les femmes des forgeron, (*Taga yakhrou*).

Les outils de la potière sont ses mains ; tous les dessins et décors sont faits à l'aide des doigts et des ongles.

L'argile avec laquelle on fait les poteries (*taga ndoré*) est prise dans les marigots desséchés ; cette terre est mise dans un trou fait dans la cour de l'ouvrière ; elle verse de l'eau sur la terre de façon à former une pâte ; elle ajoute de la paille et de l'argile rouge foncé ; elle remue bien le tout. Ensuite, elle retire cette pâte et la met dans un moule et au soleil ; lorsque c'est bien sec, elle enlève le moule et elle creuse ce bloc d'argile en le mouillant ; elle dessine et décore l'ouverture du vase, les anses, la partie ventrue, la base, etc., soit en creusant avec les doigts, soit en ajoutant des motifs en argile en relief sur le vase avec les doigts et les ongles ; le vase fait, elle le laisse sécher au soleil ; lorsqu'il est bien sec, on le place sur un lit de bouse de vache et d'herbe très sèche ; tout autour, et à l'intérieur et par dessus, on met de la paille sèche, de façon qu'il soit complètement recouvert ; sur cette paille, et mélangée à cette paille, on met de la bouse de vache bien sèche. Dès la tombée du jour, on met le feu à la paille, qui le communique à la bouse de vache, laquelle se consume lentement et maintient pendant toute la nuit une température très forte. Le lendemain, vers huit heures, le feu s'éteint tout seul. Dès que le vase est refroidi, on l'enlève, et on recommence avec un autre. Lorsqu'on a la quantité voulue, on va les vendre.

Les gargoulettes sont faites sans moule ; l'ouvrière fait une boule et la creuse et lui donne la forme avec les mains.

Les poteries du Guidimakha sont rouges, mates et poreuses.

Il arrive parfois qu'au feu les vases se cassent. Il faut alors les recommencer. Avec beaucoup de patience, la laborieuse ouvrière se remet au travail sans se préoccuper du temps qu'elle a perdu. Ce temps a augmenté son expérience, voilà tout.

Les vases faits par les potières sarakollé du Guidimakha sont :

Gargoulettes à un ou deux becs : *goumbou lemmou* ;

Grand vase, dit canari, réservoir d'eau : *lallé* ;

Marmite percée de trous pour cuire à la vapeur la farine de mil : *bègné* ;

Ecuelles pour fileuse de coton : *mémâdi mbélo* ;

Jarre à eau à large bec : *sélibègné* ;

Vase pour la cendre des teinturières : *jagué* ;

Couvercle de vases : *lalli taghadé*.

Prix. — A l'heure actuelle, les prix sont les suivants :
Lallé : 5 francs ou 10 *moud* de mil ;
Goumbou lemmé : 3 francs ou 6 *moud* de mil ;
Bègné : 2 fr. 50 ou 5 *moud* de mil ;
Mémâdi mbélo : 0 fr. 50 à 1 franc ;
Sélibègné : 1 franc ou 2 *moud* de mil ;
Foutadé mbélo : 1 franc ou 2 *moud* de mil ;
Fagué : 1 franc ou 2 *moud* de mil ;
Lalli taghadé : 1 franc ou 2 *moud* de mil.

5° Industrie du cuir

Elle est exercée par les cordonniers (*Garanko*) ; ce sont eux qui tannent les peaux.

Outils du *Garanké* :

Formes en bois faites dans le pays (hommes) : *moukkou ntiolé yougou* ;
Formes en bois faites dans le pays (femmes) : *yakharou moukkou tiolé* ;
Formes en bois importées (provenance française) : *toubabou modéli* ;
Planche sur laquelle on tranche le cuir : *walakha* ;
Polissoir en bois servant également à repousser le cuir : *nakhâdé* ;
Levier à élargir les babouches : *sôtâdé* ;
Petit coin qui se place sous le *sôtâdé* : *kharou lèmmé* ;
Instrument pour plier le cuir : *doukoudoukou* ;
Patrons en cuir, dessus de *mouké* : *dala bouyâdé* ;
Patron de sandale : *tépou khentiâdé* ;
Patron de semelle : *moukhoun khentiâdé* ;
Alène (petite) : *bounné* ;
Alène (grande) : *kélembou mbounné* ;
Lame en fer recourbé : *khédo* ;
Matrices en métal pour impression sur le cuir : *bouyâdou* ;
Couteaux pour couper et trancher le cuir : *labou.*

Objets faits par les *Garanko* :

Bottes molles : *khoufini* ;
Sandales : *tépou* ;
Babouches : *moukou* ;
Etuis à gris-gris : *safayou* ;
Porte-monnaie : *khalis taghoundifô* ;

Dessus de selles : *khirkhé doroké* ;
Brides en cuir tressé : *kharbin katchou* ;
Cordes en cuir tressé pour pantalon, gris-gris, colliers, etc. : *katchou* ;
Cordes en cuir pour étriers : *alkébou katchou* ;
Fourreaux de poignard : *labou wana* ;
Fourreaux de sabre : *kafa wann* ;
Fourreaux de fusil : *marfa khoumoudou* ;
Bracelets de bras : *bakhô.*

Tannage des peaux de bœuf. — Si les peaux sont fraîches, on les fait sécher après avoir râclé la partie graisseuse, puis on procède de la façon suivante :

1° Tremper la peau dans de l'eau ordinaire pendant deux jours ;

2° Mettre des cendres de *wayé* dans un vase, y verser de l'eau froide, y mettre la peau et bien la remuer pour que l'eau et la cendre se mélangent à la peau ; laisser la peau dans cette mixture, jusqu'à ce que les poils se détachent facilement en les tirant à la main, deux jours environ ;

3° Si les poils se détachent, sortir la peau du canari et la gratter avec un grattoir en bois pour enlever tous les poils ;

4° Laver ensuite la peau à grande eau, sans savon ; la laisser tremper dans de l'eau propre pendant une journée ;

5° Ensuite, piler des graines fraîches de *diâri ndondongnâné* (pastèques ou courges) ;

6° Prendre un grand vase, le remplir d'eau propre, mettre le *diâri n'dondongnâné* pilé dans cette eau, bien remuer, et y mettre la peau ; couvrir bien le vase pour que l'air n'y pénètre pas ; laisser la peau dans ce bain quarante-huit heures ;

7° Au bout de quarante-huit heures, la peau sent terriblement mauvais ; la sortir du vase et la laver avec beaucoup d'eau ;

8° Mettre dans un autre vase de l'eau et des gousses de gonakié (*diabé*) pilées, bien remuer pour mélanger l'eau et le gonatier, et y mettre la peau ; remuer le tout du matin à midi ;

9° A midi, retirer la peau et la pétrir, la battre et la taper pendant une trentaine de minutes, puis la remettre dans le même bain (bain de gousses de gonatier) pendant huit jours, en la pétrissant chaque jour pendant une demi-heure ;

10° Au bout de huit jours, laver la peau et la faire tremper pendant une nuit entière dans de l'eau ordinaire ;

11° Le lendemain, bien secouer la peau pour faire égoutter l'eau, puis l'enduire d'une mixture graisseuse d'arachides pilées.

La peau est prête ; et si on ne s'en sert pas de suite, on la conserve avec son enduit graisseux.

Tannage des peaux de mouton ou de chèvre :

Les peaux de mouton se préparent de la même façon, mais on les gratte bien d'abord, en les suspendant à un bois appelé *bardia goundi sollé*, avec un sabre (*kafa*), pour bien enlever les morceaux de viande ou de graisse qui y adhèrent ; ces peaux fines sont pétries seulement et non tapées, pour éviter de les déchirer ; elles ne restent dans le bain de gousses de gonatier que trente-six heures. On lave les peaux à l'eau chaude après les avoir graissées avec du beurre ; on les fait sécher à l'ombre, quand elles ont été pétries.

Teinture des peaux.

Couleur jaune :

Mettre dans un vase en terre des feuilles de *wayé* et de l'eau ; faire bouillir ; après ébullition, retirer du feu, laisser refroidir, y mettre de l'alun pour précipiter le dépôt qui se produit, mouiller la peau avec de l'eau ordinaire, d'abord, puis avec la décoction de *wayé* décrite ci-dessus ; mettre la peau à sécher à l'ombre, et celle-ci devient jaune en séchant.

Couleur noire :

Mettre de la rouille de fer à macérer avec du petit mil pilé, pendant quatre jours, dans un récipient en terre hermétiquement fermé. Au bout de quatre jours, ouvrir le récipient, y ajouter des gousses de tamarin pilées, boucher le récipient, laisser macérer une journée encore. Frotter la peau : elle devient d'un joli noir brillant.

Couleur rouge :

Prendre les feuilles rouges d'une plante, ressemblant au mil dit *féla*, qui s'appelle *khéllo* (les graines de cette plante ne sont pas comestibles) ; faire sécher ces feuilles ; les réduire en poudre en les pilant au mortier ; mettre un peu de cette poudre dans un récipient plat en fer, y mettre un peu d'eau froide, puis un peu d'eau de cendre de *wayé*, mélanger le tout et en enduire la peau. Celle-ci devient rouge sang.

Les indigènes ne préparent pas d'autres couleurs, mais, depuis que les colporteurs vendent des encres de couleurs variées, les *Garanko* s'en servent pour teindre les peaux ; ces couleurs déteignent à la pluie et tachent les vêtements, aussi les indigènes leur préfèrent-ils les teintures obtenues par les moyens locaux.

Salaire : débattre les prix avec le *Garanké* en faisant la commande.

Commerce

Les paysans sarakollé s'adonnent, après la saison des cultures, au commerce. Ils gardent précieusement dans leurs greniers de réserve la quantité de grains qui est nécessaire à leur consommation de l'année, plus une réserve de prévoyance qui leur permettra de vivre sans se priver, dans le cas où la récolte de l'année suivante serait déficitaire, ou en cas d'incendie ou de tout autre accident, mais ils exportent le surplus au Sénégal, ou bien ils le vendent aux Maures du nord de la Colonie, qui viennent se ravitailler chez eux.

Les principaux produits exportés sont : le mil, le riz, les arachides, le maïs, l'indigo, les graines de coton.

Le coton lui-même ne sort du pays que transformé en pagnes tissés par les artisans locaux. Ces pagnes sont ou blancs, ou teints en bleu de diverses nuances ; ils sont très recherchés au Sénégal et en Gambie, où ils sont vendus, les blancs, de 15 à 20 francs, et ceux de couleurs, de 35 à 50 francs. Les vêtements brodés (on en fait très peu dans le pays) sont vendus de 250 à 350 francs.

Les Sarakollé exportent également les produits de leur élevage, surtout des chevaux et des ânes, qui sont payés très cher en Gambie ; ainsi, un cheval qui vaut dans le Guidimakha 700 francs est payé en Gambie 1.500 à 2.000 francs ; un âne qui vaut 100 francs dans le pays est payé là-bas 300, 350, 400 et même 500 francs. Mais, très prévoyants, ils n'exportent ni des juments, ni des ânesses. Ils exportent aussi des calebasses en bois, du beurre, du savon, des cuirs travaillés, des peaux, etc.

Ils importent du sucre, des guinées et cotonnades diverses, du sel, des tamis, du bleu, des cardes, des verroteries, de la parfumerie, des poissons secs, du tabac en feuilles, du thé « meftoul », etc.

Main-d'œuvre. — En saison sèche, une grande partie des jeunes hommes (de 20 à 35 ans) transportent leurs bras à l'extérieur : pour les travaux des quais et du charbonnage, à Dakar ; pour le service de laptots et commissionnaires, à Kayes et Saint-Louis, pour les travaux des voies ferrées.

Beaucoup de Sarakollé sont chauffeurs à bord des paquebots français au long cours, et d'autres sont mécaniciens aux chemins de fer du Maroc, du Sénégal, du Soudan français, de la Guinée et de la Côte d'Ivoire.

Mesures diverses

Pour les étoffes :

a) La coudée (*sogoné*) : distance allant de l'articulation extérieure du coude à l'extrémité de l'annulaire ($0^m,50$) ;

b) L'empan (*souhouré*) : espace compris entre les extrémités du pouce et du médius ($0^m,22$ à $0^m,23$) ;

c) Le doigt (*doromé*) : l'épaisseur du médius ($0^m,02$) ;

d) La phalange (*doro nkhoudé*) : la longueur de la phalange du milieu de l'index ou du médius ($0^m,03$).

Pour les distances :

a) Le pied (*ta tiakha*) : longueur du pied du talon à l'extrémité du gros orteil ($0^m,25$ à $0^m,27$) ;

b) La voix (*gangoundé*) : distance à laquelle un individu en peut entendre un autre qui l'appelle en criant (de 250 à 300 mètres) ;

c) Course du cheval à toute allure (*si vouroundi béra*) : distance que peut parcourir un cheval à toute vitesse d'une seule traite (1.500 à 2.000 mètres) ;

d) Après-midi de marche (*lella ndârê*) : distance que parcourt un homme de 20 ans entre 14 heures environ et le coucher du soleil (18 kilomètres) ;

e) Journée entière de marche (*kiyé térindé*) : distance parcourue par un homme de 20 ans, du lever au coucher du soleil, en s'arrêtant de 11 heures à 14 heures (36 kilomètres) ;

f) Intervalle de village (*guila débé* [*foulâné*] *kata débé* [*foulâné*]) : distance connue séparant deux villages connus.

Mesures de capacité :

a) Le *moudé* ou *moud* : 4 litres environ ;
b) Le *fétièré* : demi-*moudé* ;
c) Le *nôré* : 20 *moudou*.

Poids pour l'or :

a) Le *minkhallé* : 4 grammes et demi ;
b) Le *khotté* : 1/4 de *minkhallé*.

Monnaies d'argent :

La pièce de 5 francs : *godé* ;
La pièce de 2 francs : *doubali* ;
La pièce de 1 franc : *fifiti* ;
La pièce de 0 fr. 50 : *tanka*.

Chef de la famille

Le chef de la famille est le *kisma* (grand-père), s'il est vivant et s'il a toutes ses facultés ; ses enfants, même mariés, même s'ils ont des enfants, demeurent avec lui.

Si le *kisma* est décédé, le chef de la famille est le *mfaba* (père).

Si le *mfaba* est décédé, il est remplacé par le *mfaba tougouné* (petit père), frère du *mfaba*, et, si celui-ci venait à décéder, le chef de famille serait le fils aîné.

Tuteurs légaux

Au décès du père, le tuteur légal d'enfants mineurs, ou d'une jeune fille majeure non mariée, est l'un des parents ci-après cités dans l'ordre des préséances ; celui d'un échelon supérieur qui n'existerait pas ou viendrait à mourir serait remplacé par celui de l'échelon immédiatement inférieur ; ou, dans le cas de non-existence de celui-ci, par celui de l'échelon suivant :

1° L'aîné des oncles paternels, ou, à son défaut, l'aîné

des oncles parternels survivants, jusqu'à extinction du dernier oncle paternel ;

2° L'aîné des frères, s'il est majeur, même s'il est plus jeune que la jeune fille ; à son défaut, l'aîné des frères majeurs survivants jusqu'à extinction du dernier frère majeur ; si les mineurs ou la jeune fille n'ont pas de frères majeurs, le tuteur sera celui de l'échelon inférieur ;

3° L'aîné des cousins germains du père, ou, à son défaut, l'aîné des survivants, et ainsi de suite jusqu'à extinction du dernier cousin germain paternel ;

4° L'aîné des oncles maternels ; à son défaut, l'aîné des survivants, et ainsi de suite jusqu'à extinction du dernier oncle maternel ;

5° La mère des mineurs ou de la jeune fille ;

6° Le chef du pays, qui désigne un tuteur pris parmi les notables riches de la famille à laquelle appartiennent les mineurs ou la jeune fille non mariée.

Un « usage », qui n'est pas la coutume et qui peut être anéanti de plein droit si un tuteur légal ou une partie intéressée exigeait l'application de la coutume stricte, dit que la jeune fille peut, en cas d'absence de parent paternel, être mariée par l'homme qui, s'étant marié avec la mère, l'a recueillie, élevée et nourrie ; mais ce n'est qu'un usage.

La maison

La maison (*ka*) soninké (fig. 1), est un vaste rectangle d'environ 70 mètres de long sur 50 à 60 de large, fermé par une tapade (a) faite avec des piquets de 1m,75 de haut et de 0m,05 à 0m,10 de diamètre, plantés solidement en terre à 0m,25 les uns des autres ; ces piquets sont réunis entre eux par des branchages épineux entrelacés, très serrés. Cette tapade (*sangalé*) ainsi construite offre une certaine résistance et dure environ deux ans. Dans la partie la plus large et au milieu, face au village, le *sangalé* vient s'appuyer de chaque côté à une case ronde à deux ouvertures (*boulougné*), qui est la porte de la maison (b) ; cette case est couverte d'un toit en paille pointu ; chacune des ouvertures est munie d'une porte ; l'une donne accès à l'intérieur de la case (porte donnant sur la rue), l'autre à l'intérieur de la cour.

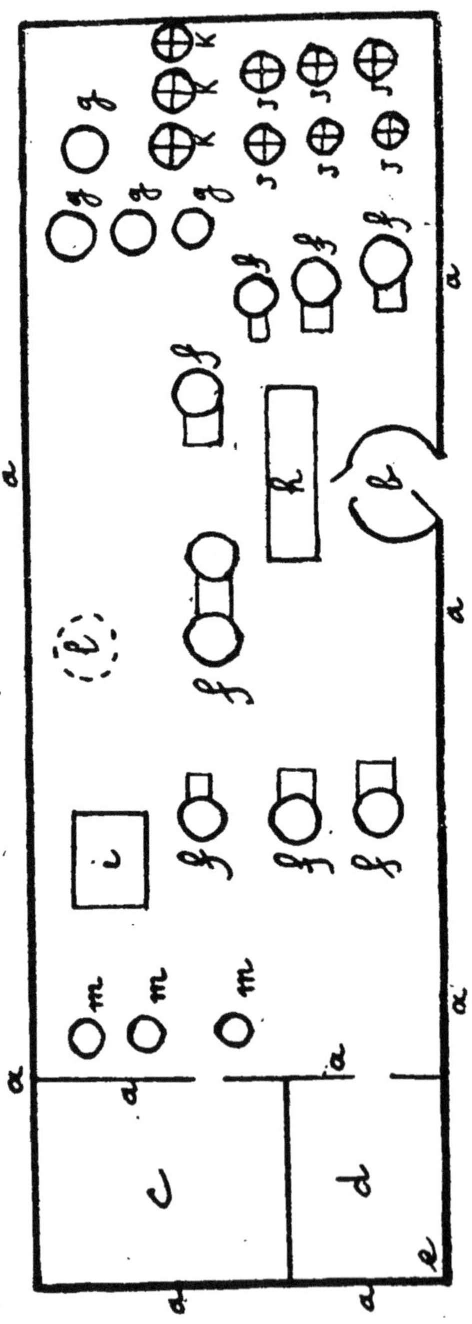

Fig. 1. — Plan d'une maison soninké.

Dans cette case, couchent le berger et les voyageurs non connus de la famille.

Un des côtés de la cour est partagé par une tapade (a) analogue à celle qui entoure la maison, en deux parcs; le plus grand (c) sert à parquer les vaches, la nuit, et le plus petit (d) les moutons; dans un coin de ce parc, se trouve l'écurie (e).

Les cases (*kompé*) de la famille (f) ont toutes un *biré* (véranda); elles sont construites, un peu partout, sans symétrie, mais chaque femme mariée en a une; les serviteurs ont des cases sans *biré* (g); ils vivent par ménages. En face de la porte d'entrée se trouve l'abri, ou *yougou mbiré* (h), où se tient le plus souvent le chef de la famille, où il reçoit ses amis, lorsqu'il ne va pas à la mosquée et où ses enfants et souvent ses petits-enfants viennent lui tenir compagnie. Une sorte de hangar, sur lequel on remise la paille d'arachides ou de haricots, ou la paille ordinaire, fourrage pour le cheval ou les chevaux, sert d'abri aux femmes, aux domestiques et aux enfants au moment le plus chaud de la journée (i). Les greniers (j) sont construits les uns près des autres, mais n'importe où; chaque femme mariée de la famille en possède un, elle y serre le fruit de sa récolte personnelle (riz, arachides, maïs), son coton en vrac comme celui qui est filé, ses bandes de coton, son beurre, etc.; ce grenier est pour la femme soninké un peu son armoire; il a une porte et ferme à clef. Près des cuisines, mais assez éloignés néanmoins pour ne pas courir les dangers d'incendie, et à proximité des *kompé* des serviteurs, se trouvent (k) les grands greniers de la maison, dont le chef de la famille, ou son fils aîné, ou encore sa première femme, a les clefs. C'est dans ces greniers qu'est serré le produit de la récolte faite par le chef de la famille, ses enfants, les serviteurs, etc. La cuisine (l) est une grande case en pisé dont les murs ne vont pas jusqu'en haut; des pieux piqués en terre, tout contre la murette, soutiennent la toiture. Chaque femme a son poulailler (m); c'est une petite case ronde en argile de 1 mètre de diamètre et de $0^{m},50$ à $0^{m},70$ de haut, recouverte de terre.

Le *biré* soninké (véranda) est un rectangle surélevé de $0^{m},20$ au-dessus du sol, en terre battue, que les femmes crépissent avec un enduit de bouse de vache; ce rectangle, de 4 mètres de long sur 3 mètres de large, est entouré de paillassons et recouvert d'une toiture en paille assez épaisse, soutenue par des poteaux en bois (troncs d'arbres non travaillés). Ces *birou* sont construits, la plupart du temps, tout contre la case (*kompé*) d'habitation. C'est là que se trouvent la réserve d'eau et les ustensiles de ménage, qui voisinent avec les vases à teinture. La femme y passe ses journées, y reçoit ses amies ; c'est là, qu'entourée de ses enfants et de ses domestiques femmes, elle carde le coton après l'avoir égrené et qu'elle le file.

Le *kompé*, ou la case d'habitation, est en pisé ; ce sont les hommes qui le construisent. Sa construction est assez curieuse. Le *kompé* est un cylindre de 3 à 4 mètres de diamètre, de 2 à 2^{m},25 de haut. Face à l'Est, une petite ouverture, à 0^{m},40 du sol et ayant 1^{m},50 de haut et 0^{m},75 de large, représente la porte (*folaké*). Cette porte s'ouvre à 0^{m},40 du sol (ce qui fait que, pour entrer dans la case, il faut enjamber le petit mur dit *dampâdé*), pour empêcher les serpents, les rats et les crapauds de pénétrer. Il n'y a pas d'autre ouverture, si ce n'est un trou (*kotchinka*) de 0^{m},05 de diamètre qui se trouve à 1 mètre du sol et du côté opposé à la porte. On verra plus bas l'utilité de ce trou. On ne pratique pas d'autre ouverture dans le *kompé* sarakollé afin d'éviter les mouches ; une fois la porte de la case fermée, c'est l'obscurité noire.

Le cylindre de pisé est surmonté d'un cône pointu en paille de près de 2 mètres de hauteur et ayant, à sa partie la plus large, deux coudées de plus que la case, de façon que celle-ci soit bien coiffée par sa toiture (*diongué*, chapeau). La toiture est montée sur un bâtis de piquets de 0^{m},07 à 0^{m},08 de diamètre et de 2^{m},50 à 3 mètres de long ; les extrémités supérieures des piquets sont réunies entre elles à l'aide de liens en écorce, et les autres extrémités sont fixées à un grand cerceau ayant deux coudées de plus que le diamètre extérieur de la case proprement dite (cylindre de pisé). Les piquets sont fixés à ce grand cerceau à l'aide de liens en écorce d'arbre. Ces piquets sont placés à égale distance les uns des autres. Une fois l'armature du cône faite et liée en haut et en bas, on passe par dessus un deuxième, puis un troisième, un quatrième et un cinquième cerceau de diamètres différents, que l'on fixe aux piquets à l'aide de lianes. Voilà l'armature ou charpente de la toiture. Alors on tresse la paille, on la dispose en genre de tapis roulé et on en recouvre la charpente de la toiture en commençant par le bas, de façon que la paille de la bande immédiatement supérieure vienne couvrir à moitié la bande immédiatement inférieure, et ainsi de suite jusqu'en haut. Tout à fait au sommet, on tresse les bouts de paille et on fait avec eux une espèce de flèche, comme cela se fait en France sur les ruches rustiques. Bien entendu, ce travail se fait à terre. Lorsque la case est destinée à une jeune fille qui va se marier, on agrémente la flèche d'une petite calebasse surmontée d'un pavillon ou de gris-gris en poils de cheval. Lorsque la toiture est terminée, comme sa construction a duré deux ou trois jours et que le cylindre en pisé a eu suffisamment le temps de sécher, il s'agit de la mettre sur la case ; à cet effet, on invite tous les amis à se joindre aux hommes de la maison ; ils viennent tous sans se faire prier. Lorsque tous sont là, ils entourent le chapeau en lui faisant face ; au commandement du chef de la maison, ils se baissent tous et prennent la toiture par le grand cerceau du bas ; à un autre commandement, tout le monde, ensemble, lève la toiture en se redressant. Il faut que tout le monde la lève en même temps, car la toiture est lourde et, si l'on tirait plus d'un côté que d'un autre, on la déformerait et on risquerait de la briser. Lorsque tout le monde tient la toiture à bouts de bras, on avance doucement et on la place au-dessus du cylindre ; au commandement du chef de maison, tout le monde baisse ensemble et doucement les bras, et la toiture se trouve en place.

Les femmes, alors, crépissent la case.

Le *kompé* sarakollé est meublé d'un lit (*sagha*) fait de deux murettes en terre, parallèles, de 2 mètres de longueur et distantes de 1^{m},40 à 1^{m},50 l'une de l'autre ; sur ces murettes sont placés, de 0^{m},15 en 0^{m},15, des bâtons (*sagha sollou*) sur lesquels est posé un *khabata* (genre de natte en fibres de palmiers réunies entre elles par des lanières de cuir) ; sur cette natte grossière, il y a une autre natte (*sémé*) plus fine. Quelquefois, entre la natte fine et le *khabata*, il y a une paillasse en paille de riz. Le lit porte deux oreillers en cuir (*talla*). Sous le lit, sont placées la malle de la femme et celle du mari (1). Au pied du lit et contre le mur, il y avait autrefois un petit réduit fermé par un petit mur de 0^{m},20 de haut, allant en pente vers l'extérieur, avec, au bas de la pente, un petit trou ; ce

(1) Lorsqu'un homme a plusieurs femmes, sa malle se trouve dans la case de sa première femme.

réduit était couvert de cailloux : c'est là que la femme urinait la nuit. Le *kotchinka,* ou trou, dont il a été parlé plus haut, servait au même usage pour le mari. Les Sarakollé ont tellement peur des *soughounio* (jeteurs de sorts), que ni l'un ni l'autre ne serait sorti la nuit faire son besoin au dehors. C'était une infection dans la case. Ce réduit malsain disparaît petit à petit, tout comme les trous ; les familles ont compris les inconvénients de cet usage et, dans beaucoup de maisons — on pourrait dire dans presque toutes, sauf à Diaguili, où les gens sont particulièrement sales — un endroit est réservé, en dehors de la case, à l'autre bout du *biré* ou en arrière ; cet endroit se nomme *diokhé.*

Depuis quelque temps, des maisons à toiture en terrasse se construisent, mais elles sont rares.

Naissance de l'enfant

Lorsqu'une femme soninké est sur le point d'accoucher, elle se rend chez sa mère, un mois avant la date probable de la délivrance, si elle demeure dans le même village que sa mère, et trois mois avant, si sa mère habite dans un autre village du même pays.

D'après la coutume, le Guidimakha du Cercle de Kayes forme un seul pays avec le Guidimakha de la Mauritanie.

Si la mère demeure dans un autre pays, la future maman fait ses couches chez son mari.

Le mari ne peut pas s'opposer à ce que sa femme aille faire ses couches chez sa mère, à moins qu'au moment des fiançailles il ait été entendu que, si Dieu bénissait leur union et leur donnait des enfants, la femme ferait ses couches chez son mari. En cas de litige, les notables ayant fait la demande en mariage servent de témoins.

Lorsque les douleurs font prévoir que la délivrance va avoir lieu, la jeune mère est entourée de sa mère, de deux amies âgées et de la matrone (*siinda*). Pour accoucher, la femme soninké se met à genoux, les genoux le plus écartés possible, sur une natte sur laquelle sont étendus plusieurs pagnes. La matrone, ou sage-femme, s'accroupit devant elle, face à elle ; la future mère pose ses mains sur les épaules de la matrone, s'y appuie et, par tractions des bras, fait des efforts comme pour se mettre debout en écartant les genoux le plus possible en dehors. La matrone a, à côté d'elle, un couteau ; elle tend les mains lorsqu'elle voit l'enfant apparaître ; elle aide l'enfant à venir au monde en criant à la parturiante : « *Votte, an kittou khotondi.* » (fais des efforts, tire sur tes bras) ; elle reçoit l'enfant, coupe le cordon avec le couteau qu'elle a près d'elle, à une longueur d'index, le lie avec un chiffon et emporte l'enfant.

La mère, délivrée, se couche en se laissant aller en arrière, aidée par sa mère et une amie, les jambes écartées. Elle reste ainsi au moins une demi-heure. Sa mère lui donne à boire, de temps en temps, une tisane chaude de *diguitié goye* (racines d'une plante ressemblant au chiendent) et de *khamaré* (racines d'une grande herbe qui pousse dans les marigots).

Au bout de trente à quarante minutes, la jeune mère, toujours aidée par sa mère et une autre femme, se lève et fait trois ou quatre tours dans la case pour — disent les matrones — faire descendre le mauvais sang. Pendant qu'elle fait ces tours dans la case, une autre femme enlève les pagnes maculés de sang qui sont sur la natte, en étend un autre propre, et la jeune accouchée vient se coucher à nouveau. La matrone donne alors le nouveau-né à sa grand-mère et lave la jeune maman avec de l'eau tiède ; elle donne, après le lavage, à la nouvelle accouchée, du *sombi* (mil cuit dans l'eau avec très peu de sel).

La matrone reprend l'enfant et le lave, dans la case, avec de l'eau tiède ; aussitôt après, elle lui couvre la tête avec un linge et lui masse la tête par dessus le linge pour la lui « faire » ; cela s'appelle l'*imé tagandé* (fabrication de la tête), parce que, disent les Soninké, la tête des nouveaux-nés est longue, et il faut l'arrondir ; ensuite, comme les enfants n'ont pas de trou au fond de la gorge en naissant, la matrone lui met l'index dans la bouche jusqu'à la gorge ; cela s'appelle *khoré mbotondé* (percement de la gorge).

A ce moment seulement on prévient le père, qui est resté pendant tout l'accouchement sous la véranda située dans la cour, sous le *yougou mbiré* ; une des femmes qui ont assisté à l'accouchement sort de la case, va le trouver et lui dit : « Ta femme a accouché ! », sans lui dire (parce que c'est l'usage) le sexe de l'enfant. Le père lui demande : « Ma femme est-elle sauvée? Et l'enfant est-il sauvé ? » La femme ayant répondu : « Oui », le père poursuit : « Que Dieu les fasse vivre !... De quel sexe est mon enfant? » La femme répond : « *Yougo* (homme). » Le père se lève alors et s'écrie : « *Allah nagna yougou* (Dieu en fasse un homme véritable). »

Si au lieu de lui répondre : « *Yougo* », la femme lui dit : « *Yakharé* (femme) », le père s'écrie : « Que Dieu la fasse vivre ! »

Le père, sans aller voir la nouvelle accouchée ni son enfant, annonce au premier arrivant ou au premier passant, par-dessus la tapade, l'événement comme ceci : « *Adi yimmé kita* (ma femme a sauvé sa tête). » Pourquoi cette phrase? Parce que les Sarakollé disent : « *Noukhouté a fourou koummé ougninté gnani ma a gan n'tiaré a na tékhé.* » (La femme enceinte a sa tombe ouverte du jour où elle est enceinte et elle ne se referme vide ou pleine qu'après son accouchement.)

Le père dit aussi, pour indiquer que l'accouchement s'est passé sans accident fâcheux pour la mère : « *N'yakhé ntaghou linki* (ma femme est assise en ce moment). »

Après avoir entendu l'une de ces deux phrases, le passant demande :

D. : « *Khori a kissi?* » (Est-elle sauvée?)

R. : « *Yabo!* » (Oui !)

D. : « *A da man kita?* » (Qu'est-ce qu'elle a eu?)

R. : « *Yougo!* » (Un homme !)

Le passant s'écrie : « *Allah nan kossagna yougo!* » (Dieu veuille qu'il soit un homme !)

Si le père répondait *yakharé* (femme), le passant s'écrierait : « Que Dieu la fasse vivre ! » Aussitôt ce petit dialogue (prévu par l'usage, véritable protocole) terminé, le passant félicite le père, il forme des vœux pour le bonheur futur de l'enfant, à haute voix ; puis il va divulguer la nouvelle dans le village.

Si la mère décédait pendant ses couches, l'enfant serait remis à sa grand'mère maternelle, qui le nourrirait ; pour faire revenir leur lait, les femmes d'un certain âge prennent, pendant plusieurs semaines, une décoction de petites tiges de mil. Si, malgré cela, le lait ne venait pas, la grand'mère lui trouverait une nourrice dans le village.

Si l'enfant venait mort au monde, ou s'il mourait quelques jours après sa naissance, on arrêterait le lait de la mère en baignant ses seins, le matin, avec de l'eau très froide et en les comprimant à l'aide d'un mouchoir attaché fortement autour de la poitrine ; les seins sont aussi, dans ce cas, enduits de terre de termitière mouillée.

Si la jeune mère ou son enfant succombaient, on procéderait aux funérailles comme on verra plus loin.

Après avoir causé avec le premier passant, le père va dans la case où est sa femme, et la félicite et la remercie ; il se fait présenter son enfant, puis sort dans la cour pour recevoir ceux qui vont venir le féliciter. Tous ses parents et amis viendront, c'est un usage.

A partir de ce moment, l'enfant ne quitte plus sa mère ; il est couché auprès d'elle. La jeune mère reste couchée huit jours. Au bout de ces huit jours, elle sort avec son enfant pour l'imposition du nom. Après cette cérémonie, elle vaque à ses occupations habituelles, sa mère l'aidant à soigner l'enfant.

Pendant les huit jours qu'elle reste couchée, la jeune mère reçoit la visite de ses amies ; les femmes seulement peuvent venir la voir. Si des hommes venaient, ils resteraient dans la cour et parleraient à la jeune accouchée du dehors, sans la voir ; ils ne poseraient pas de questions, pour que la jeune maman n'aît pas à répondre.

Le père et la jeune mère, pendant les sept jours qui précèdent celui de l'imposition du nom, sont très inquiets, car ils savent que les *djinnani* et les *soughounio* (sorciers) rôdent autour de leur case. Les Sarakollé du Guidimakha ne sont musulmans que de nom ; très peu nombreux sont ceux qui connaissent le Coran ; ils font les prières en arabe, se prosternant, etc., mais ils ne comprennent pas ce qu'ils disent. Les femmes, elles, ne connaissent de la religion qu'une seule chose : qu'il y a un Dieu (Allah), très indulgent pour les nombreux péchés qu'elles commettent, et qui veille à leur imprévoyance. Hommes et femmes, même les modi (marabouts), croient tous aux *djinnani* et aux *soughounio* et ont une foi complète, entière, dans les fétiches de toutes sortes.

Les djinnani et les soughounio sont mâles ou femelles. Ils sont tous méchants, ils peuvent faire maigrir l'enfant, l'empêcher de téter jusqu'à ce que la mort s'ensuive. Ils peuvent le rendre fou, idiot, bossu, aveugle, paralytique, etc., le faire pleurer. Pour éloigner ces esprits malfaisants, il faut des gris-gris et des armes.

La mère, aussitôt après son accouchement, s'arme du couteau qui a servi à couper le cordon de son enfant pour faire peur à ces djinnani et soughounio ; ce couteau est placé à côté de la tête de l'enfant, sur la natte où il repose à côté de sa mère, mais à la portée de la main de celle-ci, à la hauteur de son sein.

Au bout de huit jours, ce couteau est rendu à sa propriétaire et la jeune maman s'arme du poignard de son mari pendant deux mois, ou plus, jusqu'à ce que l'enfant soit fort, parce que, sans cela, les esprits l'empêcheraient de grossir.

Du jour de sa naissance, donc, jusqu'au jour de l'imposition du nom (le huitième jour), l'enfant ne peut pas sortir de la case. Si quelqu'un l'en faisait sortir, *il lui arriverait de grands malheurs.*

Avant le jour de l'imposition du nom, l'enfant est appelé, si c'est un garçon, *Yougou khoullé* (homme blanc), et, si c'est une fille, *Yakharé nkhoullé* (femme blanche), parce que les nouveaux-nés ont un épiderme très clair, qui devient de plus en plus foncé au fur et à mesure que l'enfant se rapproche du huitième jour.

Si le nouveau-né est une fille, la *siinda* l'excise dans les sept jours qui suivent sa naissance ou même, parfois, le jour même ; l'opération est très simple : la *siinda* arrache le clytoris avec les ongles ou à l'aide d'une grosse aiguille. Si l'enfant est un garçon, il n'est circoncis que vers l'âge de 14 à 15 ans, s'il est en bonne santé, ou, plus tard, s'il était maladif.

Aucune fête n'a lieu le jour de la naissance, quel que soit le sexe du nouveau-né ; on ne tire même pas de coup de fusil. Le père tue seulement un mouton dit *bassé* (mouton de bienvenue à l'enfant). Avec la viande, on prépare la nourriture de la maisonnée, mais plus spécialement celle de la nouvelle accouchée.

Imposition du nom

C'est le huitième jour après la naissance que l'on donne le nom à l'enfant.

La coutume dit que *c'est le père qui donne le nom à l'enfant.* En réalité, c'est ce nom qui est le nom légal, mais la mère, habituellement, donne à son enfant un autre nom, par lequel elle le désigne et l'appelle, et qui n'est en somme qu'un surnom. Le nom est habituellement celui d'un grand-parent décédé, de la branche paternelle. Si une femme a perdu beaucoup d'enfants en bas âge, pour que Dieu ait pitié d'elle, par humilité, pour qu'Il protège celui qui vient de naître, on en fait le *captif de Dieu* et on donne à l'enfant le nom d'un captif quelconque.

Lorsqu'on désigne quelqu'un, on dit : *Un tel* (son nom) *fils d'un tel* (nom du père), après quoi on énonce le nom de famille ou *diammou* ; par exemple, Bakari, fils de Brahim, de la famille des Kamara, sera appelé *Bakari Brahim remmé Kamara,* mais *remmé* (fils) est sous-entendu et disparaît, et l'on a : *Bakari Brahim Kamara.*

Le nom légal, donc, se compose :

1° *Du nom de l'individu* ;

2° *Du nom de son père* ;

3° *De son diammou* (ou nom de famille du fondateur de la famille ou branche).

Bien entendu, tout le monde, *sauf les parents maternels,* appellera l'enfant par son nom légal (celui donné par le père) ; mais la mère et les parents maternels ne l'appelleront que par le nom donné par la mère. Ce nom donné par la mère à son fils suscite de nombreuses disputes entre le père et la mère ; aussi, dans certaines familles, le premier enfant reçoit le nom choisi par le père, le deuxième le nom choisi par la mère, et ainsi de suite.

L'enfant répond aux deux noms pendant toute son enfance, mais, dès qu'il est grand, il ne conserve lui-même que son nom légal, celui que lui a donné son père le jour de l'imposition du nom.

Beaucoup d'administrateurs ont cru, au moment du recensement de la population, que des jeunes gens étaient déclarés sous plusieurs noms dans le but de les soustraire soit au paiement des impôts, soit aux obligations militaires : c'est une erreur. Le nom varie suivant qu'on le demande à un parent de la branche paternelle ou de la branche maternelle ; pour éviter des erreurs qui peuvent porter préjudice au propriétaire du nom, s'il est absent, il faut toujours demander à son père comment il s'appelle, et compléter les registres de recensement en inscrivant, comme surnom, le nom donné par la mère. Cette précaution facilite les recherches et permet d'identifier plus facilement un individu. Exemple : un jeune homme a été appelé, par son père Amara Kamara, *Adiétou* ; l'enfant s'appellera pour tout le monde, sauf pour la famille maternelle : *Adiétou Amara Kamara.* Si la mère l'a appelé *Sindé,* cet enfant s'appellera, pour la famille maternelle : *Sindé Amara Kamara.*

Une autre difficulté se présente : un homme a plusieurs femmes et il a eu des enfants avec toutes ; il en répudie une, elle rentre avec ses enfants dans son village d'origine, ceux-ci étant tout jeunes. L'Administrateur passe dans le village ; la femme répudiée demande à être recensée dans la maison de son père avec ses enfants ; quel nom va-t-elle donner à ses enfants? Le nom qu'elle leur a donné, suivi de son nom à elle et du *diammou* du père. Exemple : Sidi Brahim Kamara a épousé Awa Sindé Kamara ; avec cette femme, il a eu deux enfants qu'il a nommés Ali (le garçon) et Assa (la fille). Ces enfants auront donc reçu, comme noms légaux, *Ali Sidi Kamara* et *Assa Sidi Kamara.*

Or la mère, leur ayant donné les noms de Mamadou et Lalia, va les déclarer : *Mamadou Awa Kamara* et *Lalia Awa Kamara.*

Comment retrouver ces enfants lorsqu'ils seront grands? Combien y en a-t-il qui payent deux fois l'impôt, ayant été recensés sous deux noms différents dans deux villages? Beaucoup, et ce n'est que le tirage au sort qui a permis de s'en apercevoir. Par conséquent, il ne faut jamais inscrire un enfant sur les registres du recensement sans poser les questions suivantes : « Comment se nomme le père de l'enfant? le *diammou* du père? le nom que lui a donné son père? » Et, pour ne pas vexer la susceptibilité de la mère : « Comment se nomme la mère et quel est le nom qu'elle lui a donné? » Suivront les demandes de renseignements à l'effet de savoir si l'enfant a été déclaré à l'état-civil (le contrôler) et s'il a été recensé dans un autre village (le contrôler et faire la mutation sur les recensements de la population des villages).

La coutume punit des peines ci-après ceux qui changent de nom pour :

1° *Epouser une jeune fille de caste supérieure à la leur :*

a) 10 à 50 coups de corde ou de un à six mois de fers ;

b) Si la fille était vierge, le délinquant paie le prix du sang et la dot payée reste acquise entièrement à la famille de la fille ; si la dot n'a pas été payée, elle devra l'être ;

c) Il est renvoyé du pays et les villages voisins sont prévenus.

Bien entendu, le mariage devient nul à compter du moment où l'on s'est aperçu de la fraude.

Si c'était un esclave qui avait pris le nom d'un homme

libre pour épouser une femme de condition libre, il devenait la propriété, en qualité d'esclave, de la femme qu'il avait trompée ; tant que la femme n'était pas mariée, cet esclave restait entre les mains du père ou du représentant légal de la femme.

2° *Pour voler :*

a) Coups de corde de 1 à 30, pour avoir changé son nom ;

b) Peine de mise aux fers d'un an, ou plus, suivant l'importance du vol commis et des circonstances qui l'ont précédé ou suivi ;

c) Restitution de la chose volée avec contrainte par corps jusqu'à complète restitution ;

d) Expulsion du pays, et les villages voisins sont prévenus.

La veille du huitième jour, au coucher du soleil, la griotte (***niamakhala***) de la famille prévient tous les parents du père et de la mère de l'enfant qui va recevoir son nom, que la jeune mère sortira de sa case le lendemain matin. Elle entre dans la maison de chaque parent et dit ceci : « ***Kati ya bakka khoumbané.*** » (Une telle sortira demain.)

Le père, de son côté, prévient tous les notables à la mosquée.

Le lendemain matin (le huitième jour), la nouvelle maman et son enfant, entourés de la griotte qui doit raser la tête de l'enfant (quel que soit le sexe de celui-ci), de la grand'mère et de quelques parentes, se tiennent dans le *kompé* (case), ou dans le *biré* (véranda), si la case a une véranda, devant la porte de l'une ou de l'autre.

Le père, accompagné des notables, vient dans la maison de sa belle-mère et reçoit les parents et les amis ainsi que les serviteurs.

Lorsque tout le monde est réuni, on va chercher le *modi* (marabout) chez lui. Le modi, en arrivant, après les salutations d'usage, demande au père quel jour est né l'enfant ; renseigné, il indique quel était le nom du saint musulman correspondant à ce jour-là ; ce nom, il le dit à haute voix ; ce sera le nom religieux du nouveau-né, mais il ne le portera pas ; seulement, dans les cas de danger, il invoquera ce saint. En somme, le nouveau-né est tout simplement mis sous la protection de ce saint.

A ce moment, arrivent les femmes de la famille de la

jeune mère et du père (sœurs, cousines, belles-sœurs, etc.) ; elles apportent chacune un présent au nouveau-né ; ces présents sont contenus dans des calebasses ou dans des petits paniers ; ils consistent en mil, coton brut, coton égrené, coton filé, arachides, maïs, indigo, sel et même en argent, quoique ce soit très rare. Les femmes entrent dans la case, voient l'enfant, félicitent la maman, lui remettent le présent destiné à l'enfant et sortent féliciter le père ; elles se mélangent ensuite aux autres assistants.

Tout le monde étant au complet, le *modi* écrit deux petits gris-gris qu'il remet au père de l'enfant ; ces gris-gris, après la cérémonie, enveloppés dans deux petits chiffons, seront attachés, l'un autour du cou de l'enfant, l'autre à son poignet droit, pour le protéger des *soughounio.*

Ensuite, un esclave prend un mouton de case fourni par le père, le couche face à l'Est ; le *modi* place un couteau sur le cou du mouton à l'endroit où il va être égorgé.

La griotte, qui doit raser le nouveau-né et qui se tient dans la case, et devant la porte, place son couteau-rasoir sur la tête de l'enfant.

Le père dit alors le nom qu'il donne à son enfant à haute voix, de manière que toute l'assistance l'entende ; le *modi* dit le nom du saint du jour de la naissance, et la mère crie, de l'intérieur de la case, le nom qu'elle donne, elle, à son enfant,

Alors, pendant que le *modi* sacrifie de ses mains le mouton en lui tranchant la gorge d'un coup de couteau, la griotte, dans la case (ou sous la véranda), rase la tête de l'enfant ou lui enlève plutôt quelques cheveux ; les cheveux rasés sont placés sur un van en même temps qu'un peu de mil, un peu de coton, un peu de riz, un peu d'arachides, un peu de mil pilé, et on présente le van avec son contenu au *modi*, qui le prend et le place devant lui dans la direction de l'Est. Face au van, le *modi* fait les prières rituelles à haute voix (prières musulmanes), en arabe ; les personnes présentes font les répons.

Après ces prières, le *modi* va à l'enfant, lui touche le front, dit quelque chose à voix basse, félicite la mère et le père, et s'en va. Les notables et toute l'assistance donnent le signal des félicitations, puis tout le monde se retire.

La viande du mouton est alors partagée : on envoie au *modi* la poitrine, on donne un gigot à la *siinda*, et le reste de la viande est partagé entre la jeune maman et toutes les parentes qui ont porté des présents tout à l'heure. Surtout, il ne faudrait pas en oublier une seule, ce serait la brouille ; on subdivise les morceaux, mais il faut que toutes en aient. Quelques pères riches, mais c'est rare, remplacent le mouton par un bœuf.

La fête est finie. Aucune réjouissance. Tout le monde rentre chez soi.

Retour de la mère au logis conjugal

Quarante jours après la naissance de son enfant, la jeune maman doit réintégrer le domicile conjugal. Si elle ne le fait pas, les notables du village où elle a accouché doivent l'y contraindre, si le mari l'exige.

Voilà pourquoi il a été dit tout à l'heure que la femme soninké ne va accoucher chez sa mère que si celle-ci demeure dans le même pays, car, si sa mère habitait dans un pays où la coutume soninké ne fait pas la loi générale, les notables du village de ce pays étranger ne l'obligeraient pas à rentrer chez son mari si sa mère l'en empêchait. Le cas était fréquent avant notre arrivée ; lorsqu'une femme étrangère au Guidimakha allait accoucher au Sénégal, ses parents ne la rendaient au mari que lorsque celui-ci leur donnait un cadeau d'un prix assez élevé.

La mère nourrit son enfant et s'en occupe tout en vaquant à ses occupations journalières.

Le mari ne peut exiger les faveurs de sa femme qui a accouché qu'à partir du quarantième jour après celui de la naissance de l'enfant et, encore, si la femme ne saigne plus ; la femme, pour refuser, doit faire la preuve qu'elle saigne.

Sevrage de l'enfant

(fatandé)

L'enfant n'est sevré qu'à la fin de la vingt-quatrième lune après sa naissance.

Pour sevrer l'enfant, ses parents l'envoient à l'une des trois personnes suivantes : à la grand'mère maternelle, si elle vit et si elle demeure dans le même village qu'eux ; sinon, à la grand'mère paternelle, ou, en cas d'absence de celle-ci, à la tante paternelle. Mais ce n'est qu'un usage auquel ils ne sont pas obligés ; ils le font par respect et pour ne pas vexer personne, mais, s'ils ne suivaient pas l'ordre indiqué ci-dessus, aucune de ces parentes ne pourrait exiger que l'enfant lui soit remis pendant le temps que nécessite le sevrage.

Les parents peuvent même confier l'enfant que l'on sèvre à un ami, à un voisin, ou, encore, ils le sèvrent à la maison même.

Si l'enfant doit partir chez l'une des parentes indiquées ci-dessus, il faut auparavant le mettre en garde contre les mauvais esprits. Avant son départ de la maison, la mère lui fait absorber une soupe faite avec du lait, de la farine de mil ou maïs, du sucre ou du sel, dans laquelle on verse l'eau ayant servi à effacer le verset du Coran que le marabout a écrit sur sa planchette à son intention. Le *modi* perçoit, pour ce travail, un *moud* de mil (0 fr. 45 environ à l'heure actuelle).

L'enfant est conduit à la parente à qui il doit être confié par la mère ou par le père.

Pendant deux jours, l'enfant pleure beaucoup, demande à téter, refuse la nourriture qu'on lui présente, mais, le troisième jour, il mange tout ce qu'on lui offre et paraît avoir oublié le sein.

Si l'enfant doit être sevré tout en restant à la maison, la mère emploie un moyen radical : elle se badigeonne les seins avec de l'huile dans laquelle on a mis du piment à macérer. L'enfant se laisse prendre une fois et il se dégoûte tout seul des seins. Il pleure, il tempête, empêche ses parents de dormir, mais, le troisième jour, il ne demande plus à téter, il mange comme une grande personne. L'enfant sevré mange de tout : viande, poisson, gibier, volaille, couscous, piment, et il n'a que deux ans ! Aussi beaucoup d'enfants souffrent du ventre ; il y en a même qui en meurent.

La mère, pour faire disparaître son lait, se baigne les seins, le matin, de très bonne heure, avec de l'eau très froide et se comprime la poitrine en s'attachant fortement un mouchoir tout autour ; ce mouchoir passe sur la base du sein et l'abaisse ; le sein est enduit de terre de termitière mouillée. Les femmes, à ce moment-là, ont une forte fièvre, des maux de tête très violents, et beaucoup sont obligées de garder le lit.

Instruction et éducation à la maison

Jusqu'à 7 ans, l'enfant, quel que soit son sexe, est abandonné à la mère et aux serviteurs, mais le père, le soir, aime à s'amuser avec son enfant du coucher du soleil à l'heure où l'enfant doit dormir.

Un enfant a l'âge de raison lorsqu'il sait compter jusqu'à dix tout seul, sans que personne le lui ait appris (7 ans environ).

A ce moment-là, le père apprend à son fils à parler le soninké plus correctement, lui enseigne la signification des mots, les titres des divers parents, les degrés de parenté, les noms de leurs parents, où ils demeurent, les noms de tous les objets qui se voient, les règles d'éducation : respect des parents, des gens âgés, etc.

Il lui parle des autres villages, des pays voisins ; il lui raconte les légendes, les usages et enfin la coutume.

Pratiquement, il lui apprend à soigner le petit bétail.

En hivernage, avant la circoncision, il lui fait garder les jeunes semis, lui apprend à connaître les diverses cultures, ce qui leur est nécessaire, ce qui peut leur nuire ; enfin, il lui parle des fauves et animaux nuisibles, du feu, de la pluie et de la foudre. Mais l'enfant ne prendra une part effective aux travaux des champs qu'après la circoncision. C'est à ce moment-là seulement qu'il apprendra à soigner le gros bétail, à le garder, et à se servir des armes (*mékhé niokkou*).

C'est la mère qui est chargée de l'éducation des filles. De 7 à 10 ans, la fillette apprend à parler correctement, à faire de petites corvées, des commissions de maison à maison, à se laver, à laver le linge, à allumer le feu, à garder les jeunes semis en hivernage, à chanter et un peu à danser.

De 10 à 13 ans, elle reçoit l'éducation proprement dite : respect aux parents, indications sur sa famille, la parenté, ce que c'est que le mariage, vagues notions religieuses, beaucoup de fétichisme, légendes, superstitions ; elle apprend à faire la cuisine, à cultiver le maïs, les arachides, le coton, à égrener le coton, le carder et le filer.

De 13 à 15 ans, elle apprend à cultiver le riz et cultive avec sa mère toutes les cultures, aide sa mère dans les soins du ménage, va chercher l'eau, pile le grain, surveille les servantes ; elle apprend les chansons de la famille, la danse, les principes de la coquetterie, et à s'habiller, car, à ce moment, elle quitte le *belléféta* et prend le *fendelli*.

A 15 ans, c'est une jeune fille accomplie : elle peut se marier.

Instruction à l'école

Quelques rares familles riches envoient leurs garçons à l'école du village ou à celle du quartier dans les grands villages. Le *modi* (marabout) leur parle de Dieu et du Prophète les premiers jours, puis il leur apprend à reconnaître les lettres de l'alphabet arabe, puis à les écrire sur la planchette (*walakha*) avec le *kalibé* (plume indigène faite d'un roseau taillé en pointe) ; ils écrivent ensuite des mots, des phrases, et enfin des sourates du Coran en commençant par la première. Le maître fait lire aux enfants ce qu'ils ont écrit, et ceci est toujours en arabe, sans leur en expliquer la signification. Les études se bornent à la lecture du Coran uniquement et à la récitation des prières en arabe.

Le matin, à six heures, l'enfant va chez son maître, le *modi* ; celui-ci réunit les élèves, qui prennent leurs *walakha*, sur lesquelles il a écrit, avant leur arrivée, quelques lignes du Coran, et ils les épellent. A sept heures et demie, le *modi* confie au plus grand de ses élèves tous les autres et ils vont dans la brousse chercher du bois et de la paille. Lorsqu'ils reviennent, ils aident les femmes du marabout à piler, à verser l'eau dans les canaris (*lallou*), à faire du mortier et même à crépir les cases, le travail étant proportionné à la force des enfants. Vers huit heures et demie, les enfants retournent chez eux pour s'y reposer et manger.

A une heure de l'après-midi, ils reviennent ches le *modi*, où ils lisent des versets du Coran jusqu'à quatre heures, puis ils partent tous chercher des tiges de mil et des brindilles de bois destinées à faire le feu du soir. De six à huit heures, à la lueur du feu, ils font encore la lecture du Coran.

A huit heures, l'enfant rentre chez lui pour manger et se coucher.

En somme, les enfants confiés au *modi* reçoivent son enseignement tout en étant un peu ses domestiques.

En hivernage, ils cultivent pour leur maître, sauf les mercredi et jeudi, jours de vacances. Ces jours-là, ils restent chez eux à la disposition de leurs parents. Le vendredi (*aldiouma*), les enfants vont à l'école, mais ils ne font pas de corvées.

De l'âge de 7 ans à la circoncision, les élèves devraient avoir appris à lire couramment le Coran en arabe, sans rien y comprendre, d'ailleurs, mais rares sont ceux qui en arrivent là.

Après la circoncision, les enfants qui ne sont pas fils de marabout ne retournent plus à l'école, et encore, à l'heure actuelle, même les fils de marabout n'y retourneraient pas si leurs pères ne les y forçaient.

Le Coran n'est pas divisé en soixante *hijib*, comme chez les marabouts maures ; il est divisé en deux *takhandou* (parties) : la première partie (*gniniara*) et la deuxième partie (*kamméra*). Le *gniniara* contient quatre-vingt-dix-sept *sora* (sourates) ; le *kamméra* contient dix-sept *sora* ; ces dix-sept *sora* ou chapitres sont, à eux seuls, aussi longs que les quatre-vingt-dix-sept précédents.

Quand les élèves savent lire couramment le *gniniara*, les parents paient au *modi* une pièce de guinée dite filature de trente coudées (valeur ancienne 6 francs, valeur actuelle 35 francs) et, lorqu'ils ont terminé le *kamméra*, une autre pièce.

Mais, à l'heure actuelle, il n'y a plus guère que les fils de marabouts qui fréquentent les écoles ; des autres enfants, trois pour cent environ vont à l'école jusqu'à la circoncision et aucun après. Ainsi, à Dafort, où il y a plus de 1.000 habitants, il n'y a que 35 enfants qui vont à l'école et, dans ce chiffre, sont compris 18 enfants de marabouts. A Sélibaby (1.300 habitants), il n'y a pas d'école parce qu'il n'y a pas d'élèves.

Les files sarakollé, à quelque famille qu'elles appartiennent, ne vont jamais à l'école.

La circoncision

La circoncision des garçons se fait, dans le Guidimakha, pendant la saison fraîche. Au moment où le maïs mûrit, les notables du village se réunissent, fixent la date de la cérémonie, qui est presque toujours aux premiers froids qui suivent la rentrée de toutes les récoltes.

Le lendemain du jour où se sont réunis les notables, les enfants qui doivent être circoncis au jour qui vient d'être fixé se réunissent et vont porter, aux jeunes gens qui ont été circoncis l'année précédente, du maïs pour que leurs anciens fassent « tam-tam » pour eux tous les vendredis, jusqu'au jour de leur circoncision inclus. Ces « tam-tam » s'appellent *gaïndé* ; on y procède de la façon suivante : le tambour (*danné*) se place au milieu ; à côté de lui, s'assoient par terre les jeunes gens qui seront circoncis ; les autres jeunes gens du village et les jeunes filles, les femmes, les hommes, les esclaves forment un grand cercle autour. Prennent part à la danse d'abord ceux qui ont été circoncis l'année précédente, puis les jeunes filles libres, puis les jeunes gens de condition libre, puis les esclaves ; mais les futurs circoncis ne dansent pas, ils ne sont que spectateurs.

Les futurs circoncis, pendant ces « tam-tam », offrent à leurs aînés, qui ont été circoncis l'année précédente, de l'eau sucrée que les jeunes filles choisies par eux leur portent dans de grandes calebasses.

Au cours de ces danses, les femmes ne frappent pas des mains ; c'est interdit : elles doivent chanter uniquement au rythme donné par le tambour.

Ce qu'il y a de curieux, c'est que tout le village assiste à ces danses, même les vieux ; pendant toute la danse, les hommes, les femmes, les jeunes filles et les jeunes garçons se mettent les uns derrière les autres et tournent sans fin autour du cercle ; cette ronde se fait d'abord au pas, puis plus vite, puis plus vite encore, jusqu'au pas de course ; les jeunes gens poussent les jeunes filles, qui poussent les vieillards sur les femmes mariées ; des gens tombent, à la grande gaîté de tout le monde. Il est interdit de se fâcher : c'est le « tam-tam » le plus gai. Les parents des futurs circoncis offrent du lait, du couscous, des colas, de l'eau sucrée pendant la danse.

Durant la semaine qui précède le jour où doit être pratiquée la circoncision, semaine qui commence le jeudi, au coucher du soleil (le vendredi commence toujours le jeudi soir, au coucher du soleil, car les jours sont toujours comptés d'un coucher du soleil à l'autre), les danses ont lieu tous les soirs, sans interruption, de huit heures du soir à minuit.

La dernière nuit qui précède le jour de la circoncision (un jeudi soir par conséquent), le « tam-tam » commence à huit heures du soir et ne s'arrête plus qu'au petit jour. A ce « tam-tam » assistent obligatoirement tous les membres de la famille des futurs circoncis ; ne sont exemptés que les aveugles et les malades. Les mères, les grand'mères et les sœurs mariées des futurs circoncis apportent des courges contenant des cailloux et accompagnent le tambour en agitant ces courges, qui ont la forme de bouteilles et produisent un son de crécelle; des distributions de colas, de lait et d'eau sucrée à tout le monde sont faites toute la nuit.

L'orchestre se compose, à ce dernier « tam-tam » :

1° Du tambour du village;

2° Des courges remplies de cailloux ;

3° De triangles en fer, frappés avec un peti marteau en fer ;

4° De petits tambours portatifs.

Les femmes chantent, ainsi que les jeunes filles, tout en tournant, jusqu'au matin. Personne ne dort.

Les cousines germaines des futurs circoncis portent des brûle-parfums en terre et elles encensent leurs cousins.

A ce dernier « tam-tam », les jeunes gens qui doivent être circoncis le lendemain dansent pour la première fois, et toute la nuit.

Le lendemain matin, le vendredi, au petit jour, le « tam-tam » s'arrête ; alors, les circoncis de l'année précédente se partagent entre eux ceux qui vont l'être ; ils deviennent ainsi les *goulèye* (infirmiers) de ceux qui vont être circoncis. Un *goulèye* peut avoir plusieurs futurs circoncis à soigner.

Une fois les futurs circoncis en possession de leurs *goulèye*, chaque *goulèye*, s'il n'a pour lui qu'un seul futur circoncis, se rend avec lui chez les parents de celui-ci ; s'il en a plusieurs, il les groupe dans la maison des parents de l'un d'eux. Le futur circoncis porte le nom de *mourounté* (*mourounto* au pluriel).

Pendant ce temps-là, les forgerons de chaque quartier se rendent en dehors du village, du côté de leur quartier, et aiguisent leurs couteaux. Les mères des *mourounto* préparent chez elles, dans une calebasse, une boisson de tamarin sucré. Les sœurs des *mourounto* prennent les vêtements spéciaux (*dianguido*) que doivent revêtir les *mourounto* dès qu'ils seront circoncis, une calebasse contenant de l'eau, du riz blanc cru et du sucre, des colas.

Les *goulèye*, eux, préparent dans un petit vase en terre un médicament fait avec de l'eau et de la poudre de gousses de gonatier pilées.

Une fois que tout le monde est prêt, le tambour résonne ; les *goulèye*, suivis de leurs *mourounto*, de toute la famille de ceux-ci, portant les objets indiqués ci-dessus, et de leurs amis, jeunes filles comprises, chantant et frappant des mains, se dirigent vers le forgeron de leur quartier, qui est installé en dehors du village, à une distance de dix mètres environ de la dernière case du quartier.

Le forgeron s'est grimé la figure avec du rouge, du bleu, du blanc, de façon à avoir un masque effrayant. Les *mourounto*, accompagnés de leurs *goulèye*, s'avancent vers lui. Le forgeron, dès qu'il voit venir à lui les *mourounto* de son quartier, se précipite vers eux en poussant des cris, en grimaçant et en brandissant son couteau. Le *mourounté* ne doit pas avoir peur. Dès que le forgeron arrive vers lui, il lève son vêtement par devant ; à ce moment-là, les femmes se retirent, et il ne reste que le *mourounté*, son *goulèye* et le forgeron ; celui-ci, alors, prend la verge de l'enfant, tire à lui le prépuce et lie la peau fortement avec une ficelle au ras du gland ; il tient les deux bouts de la ficelle et, à l'aide de son couteau, il tranche la peau tout contre la ficelle ; le forgeron donne la peau sectionnée à la mère ou à la sœur (même si elle n'est pas mariée) ; cette peau est séchée, puis mise dans un petit sachet en cuir que l'enfant, devenu homme, devra porter toute sa vie comme une amulette. Le *goulèye*, aussitôt que le forgeron a coupé le prépuce, dit à haute voix : « *A kouti* » (il est coupé), et tend au forgeron des colas ; alors, ceux qui ont des fusils tirent des salves, les femmes chantent, tapent des mains, poussent des cris, etc. Le *goulèye* fait asseoir l'ex-*mourounté*, qui prend à présent le nom de *koutounté*, lui allonge les jambes écartées et lui applique sur la verge blessée la mixture de gousses de gonatier pilée (*diabé*). Aussitôt, le *koutounté* revêt le vêtement spécial (*dianguido*), qui est une espèce de chemise à manches longues et larges, et il se couvre la tête d'un bonnet ressemblant beaucoup au bonnet phrygien (*koufouné*). Ce *dianguido* est presque toujours jaune clair, ou vert. Les parents, pendant que leur *koutounté* est assis, lui donnent des colas et du riz à l'eau sucrée. Le *goulèye* enveloppe ensuite la verge de son *koutounté* dans un étui fait à l'aide d'une écorce fraîche de gonatier ; cet étui a exactement la longueur de la verge de l'enfant ; il est fixé à l'aide d'une ficelle qui passe autour des reins, de façon à lui tenir la verge horizontale ; cette ficelle s'appelle *kharabi nkatchou*, ce qui veut dire « rêne de bride ».

Lorsque tous les *mourounto* sont devenus des *koutounto*, qu'ils ont revêtu leur vêtement spécial et qu'ils se sont restaurés, ils se réunissent sous un arbre au grand feuillage, situé en dehors du village, arbre sous lequel se sont réunis les *koutounto* des années précédentes ; cet arbre prend le nom de *koutounta mbiré* (abri des circoncis) ou *birou*.

Lorsque plusieurs familles habitent le même village, les *koutounto* se réunissent par famille sous le *koutounta mbiré* de leur famille ; ainsi, il y aura un *biré* pour les Kamara Bérani, un pour les Kamara Hayani, etc.

Ils se tiennent sous cet arbre pendant trois semaines ; tous les jours, de quatre heures du matin à six heures du soir, les gens du village vont les voir, leur apportent à manger ; les filles vont se moquer d'eux.

Les *koutounto* ne peuvent, sous aucun prétexte, quitter l'abri de l'arbre ni venir au village, même une seconde, sauf la nuit, pour aller dormir. De plus, pendant ces trois semaines, ils ne peuvent pas se promener seuls ; ils doivent être au moins deux lorsqu'ils circulent. S'ils ont besoin de quelque chose au village, ils l'envoient chercher par ceux qui viennent les visiter.

Le *koutounté* doit avoir l'accoutrement suivant :

1° Un bonnet genre phrygien (*koufouné*), jaune ou vert, ou de deux, trois et même quatre couleurs ;

2° Un petit vase en terre pour y mettre la mixture de gonatier qui sert à soigner sa blessure (*séli bègné*) ;

3° Une lance en fer emmanchée dans un bâton de 1m,50 à 1m,75 de long (*tammé*) ;

4° Un cauri sur le front, attaché par une ficelle qui est attachée elle-même derrière la tête (*mandiâré*) ;

5° Une bande de coton de couleur voyante autour du front, le nœud étant fait sur le front (*nafâdé*) ;

6° Un couteau ou poignard dans un étui, suspendu sur la poitrine par une lanière de cuir passée autour du cou (*labo*) ;

7° Deux petits bâtons de 0m,40 de longueur et d'un diamètre de 0m,005, attachés par une ficelle au poignet droit (*solli lemmou*) ;

8° Une paire de sandales aux pieds (les babouches ou tout autre genre de chaussures sont interdites) ;

9° Plusieurs ficelles de coton (si ce n'est pas du coton, cela ne vaut rien) portant plusieurs nœuds, attachées autour du cou (*tapou*, au singulier *tapé*).

Le *koufouné* veut dire que le circoncis est devenu homme et qu'à partir de ce moment-là, lui qui allait tête nue, portera un bonnet comme les hommes. Pendant les trois semaines qu'ils passent sous l'arbre, lorsqu'ils envoient quelqu'un à leurs parents qui sont dans le village, pour leur demander quelque chose à manger ou à boire, des colas, etc., ils remettent à l'envoyé leur bonnet, pour prouver à leurs parents que ce sont bien eux qui leur ont dépêché l'émissaire; c'est en quelque sorte leur sceau, leur signature (*tagou manchié*).

Le *séli bègné* sert à faire le pansement.

Le *tammé* et le *labo* servent à faire fuir les sorciers et les génies malfaisants.

Le *mandiâré*, le *nafadé* et le *tapé* ont la même destination.

Les *solli lemmou* ont un usage tout particulier : le *koutounté* ne doit gratter aucune partie de son corps avec ses ongles, car, s'il le faisait, sa blessure ne se fermerait pas; s'il a une démangeaison n'importe où, il doit se frapper l'endroit qui le démange avec les *solli lemmou*. La véritable cause, c'est qu'au moment de la cicatrisation du gland, il se produit une démangeaison insupportable à cette partie du corps et, si le *koutounté* se grattait avec ses ongles, il ouvrirait sa plaie et l'infecterait.

Ces baguettes ont un autre usage. Si, pendant le séjour sous l'arbre, au moment de la sieste, aux heures les plus chaudes de la journée, des jeunes filles venaient plaisanter, et si un *koutounté* avait une érection, il se ferait frapper au bas du dos avec ces *solli lemmou*, et l'effet de rétraction se produirait aussitôt.

La compagnie — ou chaque compagnie — des *koutounté*, à son départ pour le *koutounta mbirou*, est organisée de la façon suivante :

1° En tête marche le *bao*, surveillant des *koutounto*. Cet individu n'est pas un *koutounté*; c'est un homme, qui est *bao* de père en fils; il peut être âgé de 30 à 60 ans. Il n'appartient pas à une caste spéciale; c'est un captif de case. Le *bao* est un individu qui a reçu de son père, lequel l'avait reçu de son grand-père, etc., des secrets de magie pouvant faire fuir les génies.

Ce *bao* ne quittera pas les *koutounto* pendant les trois semaines.

Ses fonctions sont :

a) De garder et surveiller les *koutounto* jour et nuit ;

b) De veiller à ce que les *goulèye* soignent leurs *koutounto* matin et soir ;

c) De distribuer la nourriture entre tous les *koutounto*, qui mangent d'abord, puis ensuite entre les *goulèye*, qui mangent après.

Enfin, c'est chez le *bao* que vont, à partir du coucher du soleil et jusqu'à quatres heures du matin, tous les *koutounto* ; le *bao* chez qui couchent les *koutounto* couche au milieu d'eux. Tous chantent jusqu'à minuit, pour faire fuir les sorciers et les génies.

2° Ensuite vient la *savané* ou viennent les *savano*, une ou deux jeunes filles de n'importe quel rang social, choisies par tous les *koutounto* ; les fonctions de celles-ci sont de laver les calebasses dans lesquelles ont mangé les *koutounto*, dont chacun a sa petite calebasse individuelle, genre assiette, et de faire leurs commissions.

3° Puis vient le *birou makha* (chef de l'abri) ; celui-ci est pris parmi les *koutounto* (ceux qui viennent d'être circoncis) ; c'est le plus âgé d'entre eux de caste libre. Ses fonctions sont de régler les conflits qui pourraient se produire entre *koutounto*, mais, pour cela, il se sert surtout de l'autorité du *bao*, car les enfants sarakollé du Guidimakha sont encore beaucoup plus têtus et indisciplinés que leurs parents.

4° Ensuite se place le *diarlo lé*, aide du *birou makha*, dont les fonctions sont de suppléer ce dernier en cas de nécessité.

5° Ensuite viennent les *goulèye*, qui soignent les *koutounto*.

6° Puis les *koutounto* eux-mêmes.

7° Et enfin le *khéréné* ; c'est le plus jeune des *koutounto*, le benjamin ; *khéréné* veut dire « boudeur » ou « enfant gâté » ; il est chargé de faire naître des incidents (cette coutume montre le caractère chicanier des Soninko). Par exemple, une fille arrive avec de l'eau ; le *khéréné* dit au *koutounto* : « Je suis fâché, je boude, cette fille est venue m'enlever toute ma joie. » Alors, tout le monde vient à lui, le supplie d'être gai, le console, mais lui continue à bouder. Alors, on lui demande ce qu'il désire que l'on fasse à cette fille ; s'il dit : « Je veux qu'elle porte de l'eau toute la journée », la fille est obligée d'obéir. Il est également le farceur de la bande.

Le lendemain du jour de la circoncision, vers 8 heures du matin, toutes les jeunes filles du village appartenant aux familles des *koutounto* (libres et esclaves) viennent au *birou* toutes ensemble ; les *koutounto* leur désignent un terrain (*molou fara*) propre à la culture des haricots, en marquent les limites et leur ordonnent de le défricher, de remuer la terre, de planter des haricots et d'arroser la plantation (ce terrain a à peu près 10 mètres de large sur 15 à 20 mètres de long) ; le soir même, vers 3 heures, toutes les filles viennent, arrachent les herbes et commencent à arroser le terrain ; lorsque celui-ci est bien mouillé, elles le défrichent, plantent des haricots et l'arrosent, matin et soir, jusqu'à ce que les haricots soient en état d'être récoltés. Les filles qui ne viendraient pas arroser le jardin matin et soir seraient frappées par les *koutounto.* Pour l'arrosage du matin et du soir, les jeunes filles arrivent en groupe, car il est interdit à une jeune fille d'aller seule chez les *koutounto*.

La récolte du champ de haricots est pour le *bao.* Lorsque les *koutounto* quittent définitivement le *birou,* leurs calebasses deviennent la propriété des *savano* ; c'est leur salaire.

Les parents des *koutounto* envoient toujours la nourriture de leurs enfants au *birou* et, le soir, dans la maison du *bao.*

Au bout de trois semaines, lorsque les *koutounto* sont guéris, le *bao* fixe secrètement avec eux le jour de la fin de la retraite ; ce jour-là, ils partent au *birou* comme d'habitude, mais, une fois arrivés, ils vont les uns après les autres, en se cachant, couper de longs bâtons dans la brousse, puis viennent se réunir à nouveau sous le *birou.* Ils déjeunent vers 8 heures du matin. Après ce repas, le *bao* se place à la tête des *koutounto,* et ils se dirigent tout en chantant vers le village. Ils se rendent à la mosquée et le *bao* dit aux hommes qui s'y trouvent réunis : « Voici vos enfants guéris ! » Aussitôt que ces mots ont été prononcés, les *koutounto* prennent le nom de *guirikouto* et ils se répandent dans le village avec leurs bâtons et leurs lances, assommant tous les poulets qu'ils trouvent en dehors des poulaillers, mais uniquement dans leur quartier ; les *guirikouto* peuvent même, ce jour-là, tuer des moutons, même des bœufs, mais à la condition expresse qu'ils les tuent avec leur lance ou leur bâton ; c'est ce qui fait qu'ils ne s'attaquent jamais aux bœufs. Les poules, les moutons, tout ce qu'ils ont tué appartient aux *guirikouto,* qui sortent du village avec leur butin, qu'ils dépouillent eux-mêmes. Il leur est interdit de tuer des brebis, des chèvres ou des vaches.

De toute cette viande, ils font les parts suivantes : une pour le *bao,* une pour les *goulèye,* et le reste pour eux-mêmes.

Les *guirikouto,* une fois que leur chasse est faite et qu'ils sont sortis du village avec leur butin, ne peuvent pas revenir recommencer. Ce serait alors du vol.

Les fêtes de la circoncision se terminent par cette rafle, qui met à mort les deux tiers des poulets et des moutons de case qui sont dans le village.

Certains parents, à cet effet, laissent dans leur cour les animaux dont ils veulent faire présent à leurs *guirikouto.*

Après avoir donné au *bao* et aux *goulèye* leur part, les *guirikouto* portent leur butin chez le *birou makha,* où ils resteront huit jours et huit nuits, mais tout en pouvant sortir, aller et venir ; leur famille leur apporte à manger chez le *birou makha.* Dans la journée et les jours suivants, ils se confectionnent avec le *dianguido* un pantalon, leur premier, et une petite blouse, du genre dit « turqui ». Tant que ces vêtements ne seront pas usés, ils conservent le titre de *guirikouto.* Tant qu'ils sont *guirikouto,* il leur est interdit de voyager d'un pays à un autre et de faire du commerce ; ils doivent cultiver chez eux. S'ils passaient outre à cette interdiction, Dieu ferait germer dans leur esprit l'idée de se fixer à l'étranger définitivement, et ils ne reviendraient plus jamais au pays.

Vêtements

Les jeunes enfants, garçons et filles, de leur naissance à l'âge de 7 ans, sont complètement nus ; ils portent seulement autour du corps une mince cordelette filée en coton du pays dans laquelle sont entremêlés les quelques cheveux qui ont été rasés le jour de l'imposition du nom ; cette cordelette, une fois usée, n'est pas remplacée. En hiver, et le soir en toute saison, les mères leur donnent un petit pagne ayant déjà servi, qu'elles ne mettent plus ;

c'est un rectangle d'étoffe de cinq à six bandes de coton tissé dans le pays et teint en bleu foncé. Ce pagne a environ de $1^m,50$ à $1^m,75$ de long et de $0^m,70$ à $0^m,80$ de large. Les enfants s'enveloppent dans ce pagne comme dans une couverture avant de s'étendre pour dormir. C'est à partir de 7 ans que filles et garçons commencent à se vêtir.

Les filles de 7 a 13 ans

Le vêtement des filles de 7 à 13 ans, jusqu'à la puberté, est le « limpé » ou *belléfata*. Il est constitué par deux pièces d'étoffe composées de bandes de coton, récolté et tissé dans le pays, de 15 à 20 centimètres de large et cousues ensemble par la grande dimension. Ces deux pièces sont reliées entre elles seulement par le haut par un cordon, voire une ficelle, qui s'attache autour des hanches de la fille ; les deux étoffes, qui laissent ainsi toute liberté aux mouvements, pendent l'une devant, l'autre derrière l'enfant. Les bandes qui entrent dans sa confection sont souvent de couleurs différentes, le noir et le blanc y dominent ; cette diversité des coloris est très appréciée des enfants, comme étant un signe apparent de la richesse de leurs parents. Les limpés des filles de fortune modeste et ceux qui sont portés pour le travail sont de couleur unie, généralement bleu foncé ; ils sont tissés en coton blanc et teints par les mères avec l'indigo du pays. Les jours de fête, les filles portent deux limpés : un blanc, en-dessous, sur le corps ; un autre, bariolé, par-dessus. Les limpés élégants doivent traîner presque à terre ; ordinairement, ils arrivent à la cheville.

De la puberté au mariage

A la puberté, la fille conserve ce vêtement, mais porte par-dessus le *fendéli* (petit pagne arrivant au genou) ; ce *fendéli* protège des regards indiscrets le corps des filles, fort bien fait, d'ailleurs, à cet âge, que le vent, complice des curieux, découvrirait en soulevant les pans du limpé.

Après le travail, les filles revêtent une camisole, sorte de blouse sans manches, qui, chez les riches, s'orne de dentelles autour du cou et aux ouvertures laissant passer les bras. On met ce vêtement en introduisant ensemble la tête et les bras.

6

Les jours de fête, ou lorsqu'elle va en visite ou se rend à un « tam-tam », la jeune fille met ses plus beaux vêtements. Elle porte alors deux pagnes (*iramé*), l'un mis sur l'autre, le plus près du corps étant presque toujours blanc uni ou à fond très clair. Ils ont quatre coudées de longueur et sont constitués par des bandes de coton de 15 à 20 centimètres de large. La presque totalité de ces pagnes sont tissés dans le pays, qui suffit largement à la consommation et en exporte même jusqu'en Gambie, où ils sont très appréciés. Presque tous les tisserands sont des artisans fort habiles, qui intercalent dans la trame blanche de larges raies de couleurs différentes, noir, rouge, jaune, orangé. Enfin, d'autres pagnes très en faveur sont tissés blancs, puis passés par les femmes à la teinture locale ; cette opération se fait soit en teignant le pagne d'une façon uniforme, en le trempant dans le *gara*, soit en cousant en certains endroits le pagne pour empêcher l'action complète de la teinture sur ces parties ; le pagne porte alors, sur le fond bleu foncé, de petits rectangles, des croix ou de petites figures moins colorés, très régulièrement répartis et d'un très joli effet. Ces pagnes sont particulièrement recherchés.

La partie supérieure du vêtement est constituée par le « boubou », pièce d'étoffe carrée de 2 mètres sur 2, cousue avec une fente pour passer la tête, et dont les bords du même côté sont cousus, formant ainsi d'immenses manches où les bras sont à l'aise. Chez la jeune fille, le « boubou » est proportionnellement plus long que chez la femme adulte ; il lui tombe un peu plus bas que les hanches.

Le « boubou » est presque toujours en tissu d'importation, damassé « Bazin », ou en percale unie ou imprimée. Le plus souvent uni, il est blanc ou passé à la teinture par les femmes dont quelques-unes, assez rares, par un tour de main spécial, arrivent à obtenir un ton dégradé allant du bleu très foncé, à la partie inférieure, jusqu'au bleu horizon ; ces « boubous » s'appellent *bakha*.

Dans les grands « tam-tam », la jeune fille attache souvent sur son « boubou », le nouant d'un nœud sur le devant, le *dissa*, longue pièce d'étoffe de couleur le plus souvent bleu marine, terminée par de longues franges, que lui lance, en signe d'hommage, son frère ou son fiancé officiel. Tenant les deux parties qui pendent, elle danse, alors, accompagnant chaque pas d'un mouvement des bras ; cette danse est particulièrement gracieuse.

La jeune fille ne porte pas de pantoufles ; elle marche toujours les pieds nus dans la maison de ses parents ou dans le village. Pour se rendre aux champs, seulement, elle met des sandales en cuir (*tépou*), fabriquées dans le pays par les Garanké, et qui sont très simplement constituées d'une semelle de cuir de bœuf retenue par deux lanières qui enserrent la partie postérieure du pied et se réunissent à une autre lanière passant entre les deux premiers orteils.

La femme mariée

Les pièces du vêtement de la femme mariée sont également le pagne, la camisole et le « boubou » ; toutefois, le nombre de pagnes que porte la femme pour une visite ou un « tam-tam » n'est pas borné à deux comme chez la jeune fille ; il n'est limité que par le bon goût... ou le manque de pagnes à ajouter à ceux dans lesquels la femme est déjà enroulée. Il n'est pas rare de voir une femme porter trois ou quatre pagnes ainsi superposés. Le pagne couvre le corps de la hanche au-dessous du genou.

La camisole est semblable à celle que portait la jeune fille, plus ornée de dentelles si les moyens de la femme le lui permettent ; elle est blanche ou de tissu imprimé en couleur, suivant le « boubou » que l'on porte par-dessus.

Le « boubou » (*dorké khoré*), ainsi que nous l'avons dit, est plus court que celui de la jeune fille.

La femme porte des pantoufles (*moukouni*) faites par les cordonniers Garanké ; elles sont confectionnées en cuir tanné par ces artisans et coloré à l'aide de la gousse du gonatier. La semelle, faite de plusieurs épaisseurs de cuir cousues ensemble, atteint jusqu'à cinq centimètres. Elles sont ouvertes par derrière et le pied y est engagé jusqu'au talon. Quelques-unes sont très artistiquement brodées de fils de couleur ou ornées de motifs imprimés au feu ; elles ne servent que dans les grandes occasions.

C'est également dans ce cas seulement que la femme ajoute à son costume un *dissa*, pièce d'étoffe de couleur bleu marine, parfois rouge, mais assez rarement, dont elle s'entoure les épaules, la laissant pendre légèrement en arrière sur le dos. Les deux extrémités, qui sont terminées par de grandes franges, sont passées sous les bras de la femme et suivent gracieusement les mouvements qu'elle ne manque pas de faire pour attirer l'attention et l'envie de ses compagnes moins fortunées.

Le garçon jusqu'a la circoncision

Ainsi que nous l'avons vu, le garçon vit nu de sa naissance à l'âge de 7 ans environ, partageant avec ses sœurs les lambeaux d'un vieux pagne maternel dont il se couvre la nuit pour se protéger du froid.

De 7 ans au moment où il sera circoncis, il continue à courir nu pendant le jour, mais, le soir et parfois même le matin pendant les froids, il revêt un « boubou » semblable à celui porté par les jeunes filles, mais portant une poche sur le côté gauche de la poitrine.

Ce « boubou », qui est confectionné indistinctement en coton du pays ou en étoffe d'importation, est d'une longueur telle qu'il cache le corps de l'enfant debout et que celui-ci, accroupi ou couché, en a les pieds recouverts.

Trois semaines après la circoncision, le jeune *koutounté* (circoncis) se confectionne, avec l'étoffe du vêtement spécial (*dianguido*) qu'il a revêtu aussitôt après cette cérémonie, et qui est obligatoirement en coton récolté et tissé dans le pays (de couleur jaune ou verte), un pantalon et un petit « boubou » de la forme d'une camisole avec des manches courtes, et qui se boutonne sur l'épaule gauche avec un gros bouton en coton. Il met ce vêtement tous les jours de la vie courante et pour le travail jusqu'à son usure. A partir de ce moment, il porte le vêtement des hommes.

L'Homme

Ce vêtement se compose d'un pantalon, serré légèrement au genou et dont le fond est très bouffant. Il est serré à la ceinture par deux lanières minces en cuir tressé entremêlées d'une façon telle qu'elles se serrent réciproquement et que l'homme n'a pas besoin de faire de nœud. La partie supérieure du vêtement est le « boubou », de même aspect que celui des femmes, mais qui s'en différencie par une poche au côté gauche ; le « boubou » s'arrête au-dessous du genou.

Sur le corps, l'homme porte un « boubou » blanc et, suivant sa fortune, il en revêt par-dessus un ou deux autres, bleu ou bleu noir. Certains, assez peu nombreux, portent enfin, par-dessus le tout, un « boubou » noir brodé très finement autour des épaules, du cou et des poches, par des brodeurs locaux réputés.

Les « boubou » sont presque toujours confectionnés en tissu d'importation ; les plus pauvres, seuls, portent des « boubou » en coton du pays, teints bleu foncé.

Les hommes majeurs et les jeunes gens non encore mariés portent également le *dissa* dans les grandes occasions ou lorsqu'ils vont à un « tam-tam » ; nous avons vu qu'ils ont l'habitude de le lancer à leurs sœurs ou à leurs fiancées officielles pendant la danse. L'homme le porte sur les épaules, parfois replié sur la tête.

Enfin, l'homme chausse des pantoufles (*moukou*), dans lesquelles il a seulement le pied engagé ; pour se rendre au travail des champs, il porte des sandales en cuir fabriquées dans le pays, semblables aux *tépou* de la femme.

Coiffure de la fille et de la femme

Comme le costume, la coiffure subit naturellement des modifications suivant l'âge de l'enfant. De sa naissance jusqu'à l'âge de 7 ans, la tête de la fille est rasée, sauf une bande de cheveux de 5 centimètres environ de largeur, qui va d'une tempe à l'autre. Au milieu, est tressée une minuscule natte, à l'extrémité de laquelle est attaché un cauri qui doit servir de porte-bonheur à l'enfant ; c'est le *mandiârê* (le cauri est une monnaie du Soudan, petit coquillage blanc qui vaut un dixième de sou en saison sèche et un vingtième au moment des récoltes).

De 7 a 13 ans

A partir de 7 ans, cette bande de cheveux se raccorde au sommet de la tête à une autre bande, de même largeur, en forme de cimier, qui descend jusqu'à la nuque ; la petite tresse est alors rabattue en arrière.

La jeune fille

De 13 ans au moment du mariage, les cheveux de la jeune fille poussant, pour éviter le désordre qui en résulterait, ils sont tressés au fur et à mesure. Les tresses sont réunies entre elles sous les oreilles. A partir de ce moment, également, les cheveux de la bande frontale et le cimier ne sont plus taillés courts, mais forment une quantité de petites tresses qui sont rabattues en arrière, sous le cimier, pour le surélever. Les cheveux, ayant alors atteint leur longueur normale, ceux de la bande frontale sont divisés en deux sortes de petites vagues. Celle de devant forme à une extrémité une tresse allant vers la droite ; la deuxième, plus grosse, forme à une extrémité une tresse allant vers la gauche. Le cimier est tressé en arête sur le sommet et terminé par une petite tresse qui, rentrée sous cette crête, l'élève. Les cheveux qui ont également poussé à droite et à gauche du cimier sont nattés en trois tresses de chaque côté de la tête, l'extrémité de la tresse dirigée en avant, les deux premières passant devant l'oreille et la troisième, la plus grosse, derrière.

La jeune fille ne porte aucune verroterie sur la tête ; elle a souvent des anneaux d'or cousus aux tresses à la hauteur des tempes.

Notons, enfin, que la jeune fille a toujours la tête nue.

La femme

Si la coiffure d'une jeune fille est déjà une opération longue, effectuée en principe par la forgeronne de la famille, celle de la femme est un véritable travail de patience.

Le devant de la tête est rasé jusqu'à 2 centimètres au-dessus du front. Les cheveux de la bande frontale sont serrés en trois tresses repliées vers le sommet de la tête ; ceux du cimier, également en trois tresses, qui sont pliées et remontées sur le sommet. Les cheveux, à droite et à gauche, viennent en quatre tresses de chaque côté de la tête, dont trois très minces passent devant l'oreille ; la quatrième, tressée très grosse, passe derrière l'oreille et vient se réunir aux trois autres sous l'oreille.

Les cheveux, pour être tressés, sont enduits d'une pommade faite de beurre, dans laquelle on incorpore un mélange de clous de girofle et d'encens pilés.

De la base de la bande frontale au sommet de la tête, celle-ci est couverte d'une rangée de cinq petits carrés d'étoffe noire (*kankagnio*), sur lesquels sont cousus, très serrées, des verroteries dorées qui en couvrent toute la surface. Sur ces cinq premiers carrés se trouve une deuxième rangée de cinq autres et, sur cette dernière, une rangée de trois, couverte de verroteries plus grosses ; autrefois, les verroteries étaient remplacées par des coquillages. Au sommet de cet édifice, couronnant le tout légèrement en arrière, se trouvent enfilées quatre graines d'un arbre : ce sont les *goro yougo* (colas mâles), qui ont à peu près la grosseur d'un œuf moyen de pigeon. A côté de ces graines et de chaque côté, vers le derrière de la tête, sont cousus des gris-gris et amulettes diverses, dans de petits sachets d'étoffe noire recouverts de petits coquillages blancs ressemblant à de minuscules coquilles de Saint-Jacques.

Du sommet de la tête et venant jusqu'à la nuque est cousue, aux cheveux constituant le cimier, une bande d'étoffe noire, recouverte de grandes verroteries dorées, de perles rouges, vertes, noires et blanches ; le tout est terminé par un grand anneau en forme d'O.

A partir du sommet et à droite de la tête, sont enfilées, dans une tresse très fine, des verroteries coniques, des perles rondes, des prismes en agathe véritable, de nouvelles perles noires et blanches, d'autres coniques ; la dernière perle est généralement ancienne et est un cadeau de la mère à sa fille. Aux tresses sont cousues, à la hauteur des tempes, des boucles en or qui peuvent être au maximum au nombre de quatre de chaque côté de la tête.

Enfin la femme porte, attachée autour de la tête et passant sur le front, à 3 centimètres environ au-dessus de l'arcade sourcillière, le *nafâdé*, bande d'étoffe noire ou de couleur voyante, rouge, verte, jaune ou blanche. Elle s'attache derrière la tête, sous le cimier de perles décrit ci-dessus, et appuie toutes les tresses contre la tête.

La femme sarakollé porte sur la tête une voilette, le *feïl*, de 40 centimètres de longueur sur 30 environ, parfois carrée. Ces voilettes sont très simplement posées sur la tête ; elles sont noires ou blanches ; parfois, la même réunit ces deux couleurs.

Ornements. Bijoux

Les verroteries que la femme porte sur la tête et les anneaux d'or qu'elle coud à ses tresses ne sont pas ses uniques parures ni ses seuls bijoux. Ceux-ci varient naturellement avec l'âge de leur propriétaire.

De 0 à 7 ans. — De la naissance jusqu'à 7 ans, la mère donne et fait porter à son enfant, garçon ou fille, une rangée de perles blanches autour des hanches. La deuxième année, elle ajoute une rangée de perles rouges ; la troisième, une nouvelle rangée de perles blanches.

De 7 à 13 ans. — A 7 ans, les filles bénéficient des rangées enlevées à leurs frères plus âgés ; elle portent alors six rangs de perles blanches et rouges ; c'est le *kagnio.*

De la puberté au mariage. — La jeune fille a alors huit rangées de perles, alternativement blanches et rouges.

Une fois mariée, la femme ajoute de nouveaux rangs à ceux de son enfance ; leur nombre n'a de limite que la générosité du mari.

Nous avons vu que le premier ornement que portait la petite fille est le cauri qui termine la minuscule tresse de ses premiers cheveux. A partir de 7 ans, il s'augmente d'une petite boucle en or, le cauri étant conservé toujours pour préserver l'enfant des mauvais esprits qui ne manqueraient pas de l'assaillir si elle ne le portait plus. Les fines tresses de la jeune fille supportent également des perles, des verroteries et de petites boucles en or.

Enfin de l'âge de 7 ans à son mariage, la jeune fille sarakollé porte sur le front un, deux ou trois rangs de minuscules perles blanches enfilées dans un crin de cheval, dessinant parfois des rosaces d'un très joli effet sur la peau noire de leur propriétaire.

La fillette a autour du cou une cordelette en coton tissé dans le pays (cette condition est indispensable) ; cinq nœuds à droite et autant à gauche lui sont faits et, pour l'embellir, elle est agrémentée d'une perle. C'est ce fil de coton, surtout, qui détournera de son possesseur toutes les embûches des esprits méchants.

Les oreilles des femmes paient un lourd tribut à leur coquetterie. Elles sont percées depuis le haut jusqu'en bas ; chaque trou reçoit un anneau qui, suivant la fortune de la femme, est en or, en argent, en cuivre, ou même fait de petites perles dorées très légères retenues entre elles par un fil. Les anneaux d'or portés par les jeunes filles ne dépassent guère un quart de gros, soit 1 gramme environ (le gros, unité de poids pour l'or, équivaut sensiblement à 4 gr. 1/2).

Chez la femme, au lobe de l'oreille, pend un gros anneau en or ; celui porté par la jeune fille ne peut excéder un gros. Il est très rare que la femme libre qui n'a pu trouver d'or ou se le payer porte du cuivre.

La jeune fille peut porter des bracelets en argent. Aux pieds elle met des *tankha lémé*, petites boules en argent enfilées dans une mince ficelle.

Avec la poudre d'argent résultant du travail et du limage de ses bracelets, la jeune fille fait souvent confectionner une ou deux bagues ; le plus souvent, toutefois, quand elle en porte, ce sont celles de son fiancé ou de son amoureux.

Autour du cou pend un grand collier de perles rouges ou vertes (*mersèye*) ; l'extrémité est nouée plusieurs fois, formant ainsi une grosse boule.

La femme mariée continue à porter ses bijoux de fête de jeune fille, notamment le *diellé*, composé d'un petit carré surmonté d'un cylindre d'où pendent des motifs et chaînettes. Au moment de sa confection, le bijoutier de la famille enferme dans le petit cylindre les amulettes que le *modi* a faites au moment de la fête du nom de l'enfant. Ce bijou, qui est en argent, pend sur la poitrine, retenu par un cordon de cuir tressé.

Egalement attaché à un cordon de cuir, et en or, est le *kangoubou*, boule en or filigrané, très finement ajourée, de la grosseur d'un petit œuf de poule.

Enfin, souvent, la femme riche porte, serré au cou contre la gorge par un cordon en cuir ouvragé, un *diola*, bijou en or affectant la forme d'une sorte d'étoile à quatre branches ou de croix.

Les poignets reçoivent de gros bracelets (*godé*), un ou deux à chaque bras, qui peuvent valoir jusqu'à 100 francs pièce et pèsent alors 1/2 kilogramme ; ces bracelets sont très ouvragés.

Au-dessus de ces bracelets, la femme riche ajoute encore au bras droit, un *korosso*, tirant son origine du « kourous », ou « tesbih », chapelet des Arabes, sorte de chapelet fait de grosses perles ou de boules de faux ambre, enroulé quatre ou cinq fois autour du bras.

Aux pieds, la femme mariée continue à porter les *tankha lémé* de sa jeunesse ; elle y joint de gros anneaux en argent massif (*tangado*), qui peuvent arriver à valoir, par des augmentations successives, jusqu'à 500 francs pièce et pèsent alors le poids formidable de 2 kg. 500.

On s'étonnerait de voir une telle profusion d'or et d'argent dans la parure des femmes, si l'on ne remarquait que c'est pour elles le moyen de conserver l'argent qu'elles gagnent par leurs cultures personnelles et qu'elles n'emploient pas souvent à l'achat de bétail.

La coiffure du garçon et de l'homme et leur parure

Tout comme la petite fille, le jeune garçon a la tête rasée, à l'exception d'une mince bande de cheveux qui joint une tempe à l'autre. Les cheveux sont également réunis en une tresse, à l'extrémité de laquelle est cousu un cauri. Autour du cou, l'enfant a un fil de coton, filé dans le pays, qui porte trois nœuds de chaque côté et est destiné à conjurer les mauvais sorts. Contrairement à ce qui a lieu pour celui de la fille, ce fil n'est pas agrémenté d'une perle ni d'un cauri.

Le lobe de l'oreille droite, percé, reçoit, suivant la fortune des parents, un petit anneau en cuivre, en argent ou en or. Jusqu'à sept ans, l'enfant ne porte pas de bagues, mais un petit bracelet en argent au poignet droit. Au biceps, il a deux ou trois cordelettes gris-gris. A partir de cet âge jusqu'à son mariage, le garçon ne porte que des bagues en argent, quatre ou cinq ; les plus grosses sont les plus estimées quoique très incommodes. Il se passe au bras deux ou trois bracelets très fins, en argent. Le garçon ne porte aucun bijou en or.

Le garçon, comme l'homme, a alors la tête complètement rasée. Il la couvre d'un petit bonnet en coton du pays, en forme de bonnet de nuit, et terminé par un petit pompon ou une mèche qui pend en arrière. Après le mariage, quelques hommes portent le fez (du genre marocain, importé), la chéchia (genre tirailleur), ou, le plus souvent, un petit bonnet blanc, ou bleu et blanc, confectionné en tissu importé, de 15 centimètres environ de hauteur, rond et plat sur le dessus.

Sur sa poitrine, et retenu au cou par un cordon de cuir tressé, se balance un sachet en argent, carré ou parfois cylindrique, dans lequel se trouvent enfermés les gris-gris faits par le *modi* lors de l'imposition du nom, des amulettes diverses contre les malheurs qui pourraient le menacer, et le petit morceau de peau desséchée coupé lors de la circoncision ; ce serait une grande catastrophe pour lui que de le perdre, car il doit se présenter complet le jour du jugement qui suivra la mort.

Les hommes qui fument portent sur la poitrine un étui en cuir ouvragé contenant leur pipe (*diambanguéné*), une mince aiguille en métal pour la débourrer, leur tabac et leur briquet (*tassandé*).

Enfin, tous les hommes portent au côté gauche, attaché à la courroie de leur pantalon, leur poignard (*diorokho labo*). Le manche en est rond, en bois noir ou en ébène, incrusté d'anneaux en cuivre ou en argent ; il est, le plus souvent, terminé au sommet par un pompon en cuir ouvragé avec des franges. L'étui, qui est en cuir, porte aussi des franges à la partie inférieure.

Majorité

Un garçon devient majeur, chez les Sarakollé, à 18 ans. A cet âge, il est pleinement responsable et il peut se marier, mais, d'habitude, il ne se marie qu'à 20 ans. Il peut hériter, gérer ses biens, etc.

La fille est majeure à 15 ans, mais cette majorité ne lui sert à rien tant que son père est vivant : en effet, elle ne peut pas se marier sans que son père l'ait fiancée lui-même à un homme de son choix ; elle ne peut pas, non plus, gérer ses biens, même si elle les avait hérités de sa mère décédée.

Si son père est décédé, son oncle ou son frère, ou n'importe lequel des tuteurs légaux ne peuvent lui parler de mariage avant qu'elle ait atteint 15 ans et si, une fois ses 15 ans révolus, elle héritait de son père ou de sa mère, elle pourrait exiger la remise de ces biens et elle les administrerait elle-même, mais ce cas est rare ; le tuteur légal, d'habitude, gère les biens de la jeune fille majeure jusqu'à son mariage, mais, s'il était dépensier, elle pourrait exiger que ses biens lui fussent remis.

Choix d'une fiancée

Le jeune homme majeur n'a pas besoin du consentement de son père ni de sa mère pour se marier. Il peut, s'il a des biens, demander en mariage une jeune fille, et l'épouser sans consulter ses parents ; mais, dans ce cas, son père se brouillerait avec lui et avec sa belle-fille, sans pouvoir, toutefois, faire casser le mariage par un tribunal quelconque. Habituellement, voici comment un jeune homme de caste libre se fiance : son père lui cherche une fiancée qu'il lui propose ; si elle ne plaît pas au fils, le père lui en cherche une deuxième, ou une troisième ; ou, encore, le fils distingue une jeune fille, il le dit à son père qui fait la demande ; si la jeune fille choisie par le jeune homme ne plaît pas au père, celui-ci le dit à son fils en lui donnant le motif et, la plupart du temps, le fils se range à l'avis du père, ou bien il passe outre, comme c'est son droit d'après la coutume ; mais, le plus souvent, le père et le fils sont d'accord.

Il y a un cas assez curieux qu'il convient de signaler. Il arrive parfois qu'un Sarakollé fiance son fils, âgé de 6 à 7 ans, avec la fille de son frère consentant ou qui a offert sa fille ; tout jeune, il sait qu'il est fiancé à sa cousine germaine ; on lui dit : « Va avec ta fiancée (*mouroundi yakharé*, laquelle est âgée de 2, 3, 4, ou 5 ans) aux champs ; va appeler ta fiancée ; ta fiancée est venue avec sa mère », etc. L'enfant grandit avec cette idée, devient un homme et épouse, même si elle ne lui plaît pas, sa cousine, quitte à divorcer après ; mais il se marie par respect de la volonté paternelle, pour honorer sa parole, l'engagement pris par lui, et aussi pour ne pas se brouiller avec son père et avec son oncle ; s'il refusait de se marier, personne ne pourrait l'y contraindre, la coutume prévoyant que le jeune homme majeur est libre d'épouser qui il veut.

Choix d'un fiancé

Trois cas se présentent :

1er *cas.* — Le père de la jeune fille est vivant. Sa fille ne peut pas choisir un fiancé. C'est son père, seul, qui lui désigne son fiancé, et elle ne peut pas le refuser ; elle devra obligatoirement l'épouser. Si elle refusait, elle serait contrainte par la force.

La coutume dit : une jeune fille acceptera le fiancé que lui donnera son père. Si elle le refusait, son père la déciderait en la conseillant, mais, si elle refusait encore, elle serait frappée par son père jusqu'à ce qu'elle obéisse ; si, malgré cela, elle persistait dans son refus, elle serait, le jour du mariage, conduite de force chez son mari par le père, son oncle, ses frères ou des domestiques et, si elle cherchait à empêcher son mari de consommer le mariage, elle serait contrainte par la force, même s'il fallait lui lier les jambes et les bras à des piquets. Si, malgré cela, aucun résultat n'était possible, on lui raserait la tête, on l'habillerait en homme et on la ferait travailler comme un homme.

Mais la jeune fille sarakollé a un profond respect pour son père ; la volonté de celui-ci lui est sacrée, et elle accepte toujours, sauf de rares exceptions, l'homme à qui son père l'a fiancée, même si elle le déteste. Pour prouver ce respect de la volonté paternelle, je donne cet exemple. De passage au village de K.-N..., une très jolie femme de 20 à 23 ans vint me demander un médicament pour soigner son mari qui était malade depuis huit ans ; le mari ne pouvant pas venir, je me rendis dans sa case ; quelle horreur ! cet homme était une plaie vivante, rongé par la syphilis. Je demandai à la jeune femme depuis quand elle était mariée. Depuis six ans, me répondit-elle. Cet homme était donc malade deux ans déjà avant son mariage. Comme je demandais à la jeune femme comment il se faisait qu'elle avait consenti à épouser cet infirme, elle me répondit : « Si mon père n'avait pas vécu, jamais je n'aurais épousé ce malheureux ! mais c'était mon cousin, le fils du frère de mon père, personne ne voulait de lui, mon père m'a fiancée à lui, je ne pouvais pas refuser ! »

Il est d'usage, dans certaines familles — mais ce n'est qu'un usage et non une coutume faisant loi — que le plus jeune frère du père d'une jeune fille choisisse le fiancé de celle-ci, parce que, étant le plus jeune et souvent non encore marié, il connaît tous les jeunes gens ou les jeunes hommes du village, il vit, s'amuse, voyage, travaille avec eux et est à même de savoir si le candidat à la main de sa nièce est un homme possédant les qualités indispensables pour faire un bon mari. Mais le père, seul, accorde la main de la fille au fiancé.

2e *cas*. — Père décédé après avoir fiancé sa fille. Si le père est mort après avoir promis en mariage sa fille à quelqu'un, ce mariage doit avoir lieu obligatoirement ;

l'oncle paternel, ou, à son défaut, les frères de la jeune fille, ou, à leur défaut, le tuteur et les témoins des fiançailles, aidés des parents, l'y obligeront comme il a été dit plus haut.

3e *cas.* — Père décédé avant d'avoir fiancé sa fille. Si le père d'une jeune fille meurt avant d'avoir fiancé sa fille, celle-ci devra être consultée avant que sa main soit accordée à qui que ce soit. Elle a le droit de refuser le jeune homme qu'on lui propose, mais elle ne pourra pas non plus choisir elle-même son fiancé, ni lui accorder elle-même sa main.

C'est le tuteur légal de la jeune fille qui, seul, peut accorder sa main, à la condition expresse qu'elle ait été consultée et qu'elle ait déclaré, devant deux notables au moins, qu'elle acceptait le fiancé proposé. Elle ne peut pas se rétracter après avoir dit oui.

Le tuteur légal dit à la fille : « Un tel, fils d'un tel, demande à t'épouser, en veux-tu? Moi (pour tels motifs), je serais heureux de ce mariage et je suis disposé à lui accorder ta main ».

La jeune fille répond : « Oui, je veux bien, j'accepte », ou : « Je vais réfléchir », ou : « Non, cherche m'en un autre ».

Lorsque la jeune fille a répondu : « Non, cherche m'en un autre », le tuteur ne peut pas lui proposer plus de deux fois le même individu, il doit lui en chercher un autre.

Lorsqu'une jeune fille dont le père est décédé et un jeune homme se distinguent, la jeune fille lui fait conseiller par une amie d'aller la demander en mariage à son tuteur.

Si, par parti pris, le tuteur ne faisait pas part à la jeune fille des demandes en mariage qui lui ont été faites, ou bien refusait, sans motif, le jeune homme qui plairait à la jeune fille, ou bien offrait toujours pour fiancé à la jeune fille l'homme que celle-ci a refusé, la jeune fille serait entendue par les notables de la famille qui, réunis, examineraient le cas et, si les dires de la jeune fille étaient prouvés, le tuteur serait destitué de ses droits de tuteur et la jeune fille serait confiée à un parent, qui deviendrait son tuteur légal si celui qui vient d'être destitué venait à mourir.

Un usage, qui n'est pas la coutume et qui peut être anéanti de plein droit si un tuteur légal ou une partie intéressée exige l'application de la coutume stricte, dit que la jeune fille peut, en cas d'absence de parents paternels, être mariée par l'homme qui, s'étant marié avec la mère, l'a recueillie, élevée et nourrie ; mais ce n'est qu'un usage.

Fiançailles

Si le père et le fils sont d'accord, la demande de la jeune fille est faite de la façon suivante.

1° *La jeune fille demeure dans le même village que le prétendant.* — Le père du jeune homme prévient sa femme, mère de son fils ; ensuite, il se rend chez le père de la jeune fille et, lui parlant en particulier, lui dit que son fils voudrait épouser sa fille. Par principe, le père de la jeune fille ne s'engage jamais lors de la première demande en mariage, ni lors de la première démarche du père d'un prétendant. Il répond : « J'ai entendu, mais je dois consulter ma famille», même si le prétendant lui plaît.

Cette réponse vague est un usage respecté par tous les pères ayant une jeune fille à marier. Pourquoi? Parce qu'il ne faudrait pas que le père du prétendant se figure que le père de la jeune fille ait hâte de se séparer de sa fille, ni qu'il craigne qu'elle ne reste vieille fille, ni que personne ne l'ait demandée en mariage auparavant, ni que l'on tienne absolument au prétendant qui se présente. Enfin, c'est aussi pour voir venir, permettre aux autres prétendants de se présenter, pouvoir choisir le meilleur parmi eux, le plus riche, celui qui appartiendra à la meilleure famille, celui qui a le meilleur caractère, le plus travailleur.

Il faut que le prétendant à qui on accorde la main d'une fille se rende bien compte du grand honneur qu'on lui fait en le distinguant parmi tant de prétendants anonymes (parfois il n'y a que lui, mais il doit croire qu'il y en a d'autres), et qu'il se montre généreux au moment des cadeaux, l'importance de ceux-ci étant la preuve de l'amour plus ou moins grand du jeune homme envers la jeune fille. Au village, plus une jeune fille a eu de prétendants à sa main et, une fois fiancée, plus elle reçoit de cadeaux, plus sa réputation sera grande. Et la conséquence sera que le mari aura d'autant plus de considération pour sa femme qu'il aura eu à surmonter plus de difficultés pour l'obtenir de son père.

Et puis, si, après le mariage, le gendre se dispute avec sa belle-famille, ou avec sa jeune femme, il faudra pouvoir lui dire : « Tu n'étais pas le seul qui prétendait à la « main de ma fille ! Il y en avait dix, douze, etc., de plus « riches et de meilleure famille que toi. »

Le père du jeune homme rentre chez lui et fait connaître à son fils, qui s'y attend, quelle a été la réponse du père de la jeune fille.

Le jeune homme, alors, se fait aider par les griottes de la famille de la jeune fille, auxquelles il fait de petits cadeaux de colas et même de quelque menue monnaie, des domestiques, des femmes qui vont rendre visite à la mère de la jeune fille, et qui lui parlent des qualités du prétendant.

Un ou deux mois après, le père du prétendant se rend encore auprès du père de la jeune fille et refait sa demande. Si le père de la jeune fille lui répond encore : « Oui, j'ai entendu, mais je n'ai pas encore consulté ma famille », ou il abandonne ses projets de mariage pour son fils, ou il retourne une troisième et dernière fois, au bout d'un à deux mois, mais, cette fois-ci, accompagné de deux ou quatre des principaux notables des deux familles, demeurant dans le village ; presque toujours, le chef du village est un de ces notables.

Bien entendu, avant cette troisième visite, la famille du jeune homme a envoyé ses griottes, ses sœurs, ses amies, à la mère de la jeune fille, pour qu'elles plaident en sa faveur.

A cette troisième visite, les notables s'entretiennent seuls, en particulier, avec le père de la jeune fille, le père du prétendant restant à l'écart, et font la demande. Il est rare que le père de la jeune fille ne finisse pas par accorder la main de sa fille au jeune homme que représentent les notables ; dans ce cas, ceux-ci appellent le père, qui vient se joindre au groupe. En cas de refus, les notables se lèvent, s'en vont et partent avec le père du jeune homme qui, ayant deviné que son fils est éconduit, se joint à eux.

Ce serait, bien entendu, la brouille entre les deux familles, celle du prétendant et celle de la jeune fille, si les Sarakollé n'étaient pas prudents. Pour éviter cette brouille, en ménageant l'amour-propre de la famille du prétendant éconduit, le père de la jeune fille ne répond pas : « Non », mais : « Je vous le dis confidentiellement, « et rien que parce que vous avez insisté, ma fille est

« déjà fiancée à quelqu'un ; c'est un secret ! Gardez ces « fiançailles secrètes ! »

Mais si, à la deuxième ou à la troisième visite, le père de la jeune fille répond : « Je serais très heureux de donner ma fille en mariage à ton fils », le père du garçon rentre chez lui, lui annonce la bonne nouvelle, puis tue un mouton ou un bœuf (rarement un bœuf) et fait porter toute la viande, dans la maison de sa future belle-fille, par les griots de sa famille ; si la viande lui est renvoyée, comme c'est l'usage — un proberve sarakollé dit : « *Tamissu fana, tiyi bononté* » (premier mouton, viande perdue) — il ne se vexe pas et donne la viande aux griots en leur disant : « C'est Dieu qui vous donne cette viande » ; puis, il recommence jusqu'à ce que la viande ait été acceptée (généralement la viande est acceptée la deuxième fois). La viande ayant été acceptée, le père du jeune homme va rendre visite à deux, trois et même quatre notables, leur annonce, en secret, les fiançailles de son fils avec la fille d'un tel et les prie de l'accompagner chez le père de la promise, à qui il va porter le cadeau fait par son fils à sa future belle-mère. Ce cadeau varie entre 20, 50, 80, 100 francs. Les notables l'accompagnent ; le père du jeune homme refait la demande ; le père de la jeune fille répond devant les notables (qui font l'office de témoins) : « Oui, j'accorde ma fille à ton fils, ce sera sa femme si Dieu le veut ; qu'il m'envoie le *tama* ». Le père du fiancé fait, avant de se retirer, acoompagné toujours des notables (témoins), visite à la mère de sa future belle-fille, il lui marque beaucoup de considération, il la flatte, puis lui remet le cadeau dont il est chargé de la part de son fils, et il se retire.

Dès qu'il est rentré chez lui, son fils envoie le *tama* (pièce d'argent remplacée actuellement par un pagne de coton de huit bandes de 4 coudées). Le *tama* est remis en présence des notables ; sa remise consacre les fiançailles et engage les deux parties, qui ne peuvent plus rompre les fiançailles ainsi conclues.

2° *La jeune fille ne demeure pas dans le même village que le prétendant.* — Les mariages, autrefois, se faisaient entre jeunes gens du même village, mais, depuis que les familles habitent un peu dans toutes les agglomérations du pays et dans celles du Guidimakha du Soudan Français, il arrive très souvent qu'un jeune homme distingue une jeune fille d'un village étranger au sien, au cours d'un voyage d'affaires, de mariage ou de condoléances fait par lui ou par la jeune fille qu'il a remarquée, ou que l'un de ses parents lui parle des qualités et de la beauté d'une jeune fille demeurant dans une autre localité, ou, encore, que la rumeur publique ait vanté ou que les griots aient chanté devant lui les charmes de cette jeune fille.

Le jeune homme, s'il n'a jamais vu la jeune fille, se rend seul au village où elle demeure, de préférence à l'occasion d'une grande fête, et, si elle lui plaît, il prend discrètement des renseignements sur elle ; si ceux-ci sont bons, il se fait remarquer d'elle au cours d'une visite de simple politesse qu'il rend à son père ou à son tuteur, ou au cours d'un « tam-tam ».

De retour dans son village, il prévient son père et sa mère, qui envoient un *niamakhala* ou un *komo khasso* de leur famille au père de la jeune fille remarquée par leur fils, pour lui demander discrètement si leur fille est fiancée ou non et si leur fils peut aller leur demander sa main. Si la jeune fille est déjà fiancée, le jeune homme n'insiste pas. Dans le cas où la jeune fille n'est pas fiancée et où le prétendant ne déplaît pas, le père fait une réponse vague permettant quelque espoir. Ensuite, le *niamakhala* ou le *komo khasso* de la famille du prétendant fait un deuxième et même un troisième voyage ; alors, si le père de la jeune fille n'a pas trouvé un meilleur fiancé pour son enfant, il répond : « Il peut venir, je serais très heureux de le marier à ma fille ».

Le prétendant se rend, alors, accompagné de quatre ou cinq de ses meilleurs camarades, tous à cheval, et suivis de domestiques conduisant quelques moutons, au village où demeure la jeune fille. Ils ne descendent pas chez le père de celle-ci ; ils reçoivent l'hospitalité, pendant tout leur séjour, d'un *niamakhala* ou d'un *komo khasso* attaché à la famille de la jeune fille. Aussitôt ses hôtes installés, le *niamakhala* ou le *komo khasso* va prévenir le père de la jeune fille de l'arrivée du prétendant et de sa suite, et celui-ci prévient ses frères et ses femmes, et tout particulièrement la mère de la future fiancée.

Le prétendant arrive au village ou le matin, de très bonne heure, ou le soir, au coucher ou après le coucher du soleil ; ainsi le veut la politesse soninké.

Le prétendant et son futur beau-père communiquent, pour toutes les questions relatives à la demande en mariage, par l'intermédiaire du *niamakhala* (ou du *komo khasso*) chez qui le futur est descendu. C'est par cet intermédiaire que le père souhaite la bienvenue au jeune homme et qu'il lui fait savoir qu'il sera très heureux de lui donner sa fille en mariage. Dès que cette promesse lui a été communiquée, le prétendant fait égorger un des moutons qu'il a amenés avec lui et il en envoie toute la viande au père de la jeune fille. Celui-ci refuse la viande, comme c'est l'usage. La viande retournée est donnée par le prétendant à son hôte, à qui il dit en la lui offrant : « C'est Dieu qui te la donne. »

Le soir de ce jour-là, après le coucher du soleil (et tous les soirs pendant tout le temps que le prétendant séjournera dans le village), il va saluer le père et les membres de la famille de la jeune fille qu'il est venu damander en mariage ; il se montrera aimable, respectueux, mais il lui est interdit de parler de ses fiançailles avec eux et, à plus forte raison, de la jeune fille ; il ne cherchera même pas à la voir.

Le lendemain, le prétendant fait égorger un deuxième mouton, puis un troisième le surlendemain, et ainsi de suite, jusqu'à ce que le père de la jeune fille à la main de laquelle il aspire accepte la viande et lui fasse dire par le *niamakhala* (ou le *komo khasso*) : « Dis lui que je lui donne ma fille, qu'il m'envoie le *tama* ».

Le prétendant envoie aussitôt le *tama* et un joli mouton par l'intermédiaire de son hôte ; ce mouton est aussitôt égorgé chez le futur beau-père, mais la jeune fiancée ne doit pas manger de la viande de ce mouton-là, qui est partagée entre tous les membres de sa famille ; son fiancé lui envoie, pour elle, un autre mouton, s'il en a les moyens ; sinon, il achète pour elle, spécialement, de la viande qu'il lui fait porter.

La jeune fille est prévenue par son père qu'elle a été fiancée et à qui.

Avant de quitter le village, le fiancé envoie à la mère de sa fiancée un cadeau en argent variant entre 50 et 100 francs (suivant sa fortune), et il s'en va chez lui avec ses camarades, sans avoir cherché à parler avec sa fiancée.

Aussitôt que le *tama* a été remis, les fiançailles sont officielles ; elles sont annoncées à toute la famille, aux amis et connaissances, à tout le village.

La jeune fille dont les fiançailles viennent d'être prononcées officiellement doit être respectée par tous les jeunes gens et personne ne doit plus venir demander sa main.

Le cadeau que le fiancé a fait à la mère de sa fiancée après avoir remis le *tama* — comme tous les cadeaux qu'il fera par la suite — sera employé par la mère pour la préparation du trousséau de sa fille, qui comprendra :

1° Des pagnes divers, blancs ou teints, des « boubou », camisoles, voilettes de tête, etc. ;

2° Le « boubou » et le *dissa* que la jeune fille doit donner obligatoirement à son mari le lendemain du mariage ;

3° Des ustensiles de ménage, calebasses, savon, éponges en écorce d'arbres, paniers et corbeilles servant de malles, balais, etc. ;

4° Le grand pagne et le « boubou » blanc qui constituent le costume de noce de la jeune mariée.

Les fiancés ne se font pas la cour comme en Europe ; cette cour a lieu plutôt avant la demande en mariage, avant les fiançailles ; la coutume exige d'une jeune fille bien élevée, de bonne famille, que, pendant tout le temps que dureront ses fiançailles, elle ne prononce pas le nom de son fiancé, qu'elle ne parle pas de lui, qu'elle ne dise pas qu'elle l'aime ; elle doit éviter de le rencontrer dans la maison de son père ou dans la rue, parce qu'autrement elle ferait croire aux gens qu'étant malheureuse chez son père, elle a hâte de quitter sa maison.

Pendant toute la durée de ses fiançailles, le fiancé fait, suivant ses moyens, de nombreux cadeaux, par sommes peu élevées, à sa fiancée, par l'intermédiaire de la mère de celle-ci ; il aide ses futurs beaux-parents à rentrer la moisson ; il procure de la cendre de *wayé* à sa future belle-mère.

L'état de fiancés peut durer plusieurs mois, un an, même davantage. Pendant les fiançailles, la fiancée, sa mère et ses domestiques filent du coton que les tisserands transforment en pagnes ; ces pagnes sont teints par la mère ; les parentes, les amies viennent les aider dans la confection du trousseau qui doit se composer, pour les familles aisées, d'au moins cent pièces.

Le fiancé, lui, travaille à l'extérieur, pour acquérir l'argent nécessaire au paiement de la dot, et même davantage, afin de pouvoir parer aux dépenses de la première installation.

Il doit construire une case neuve pour y recevoir sa

jeune femme, dans la maison de son père, s'il demeure avec lui, ou chez lui, s'il a créé une maison à part ; garnir cette case d'un lit, de nattes, etc. ; acheter les marmites, paillassons, vases, etc., nécessaires au ménage.

Rupture des fiançailles

La jeune fille ne peut jamais rompre ses fiançailles elle-même.

Le fiancé et le père (ou le tuteur) de la fiancée ne peuvent pas rompre les fiançailles sans motif grave. Si le fiancé revient sans motif sur sa parole donnée, tous les cadeaux faits à la jeune fille, à sa mère et à sa famille restent la propriété de ceux qui les ont reçus et le fiancé ne peut rien réclamer.

Si c'était le père (ou le tuteur) de la jeune fille qui rompait les fiançailles, il aurait à rembourser au fiancé :

1° Toutes les dépenses que celui-ci a faites en achat de moutons et viande ;

2° Tous les cadeaux faits par le fiancé à sa fille, à sa femme, à lui-même et aux membres de sa famille ;

3° Les journées de travail que le fiancé aurait faites pour lui au moment des cultures et de la moisson ;

4° Le prix de la cendre de *wayé* donnée par le fiancé à la mère de sa fiancée pour la teinture des pagnes de celle-ci.

L'estimation des dépenses, cadeaux, journées de travail, etc., doit être faite par le chef de village et les notables de chaque famille ; s'ils n'arrivaient pas à s'entendre, l'affaire serait portée au tribunal.

Le fiancé peut casser légalement ses fiançailles, d'après la coutume, dans les cas suivants :

1° S'il surprend sa fiancée en conversation coupable avec un homme ;

2° S'il la voit entrer dans une case où demeure un célibataire et y séjourner, la porte fermée, pendant le temps qu'il faut pour mener à bout une conversation coupable ;

3° S'il s'aperçoit que sa fiancée est enceinte.

Dans l'un ou l'autre de ces cas, tout ce qu'il a donné à son ex-fiancée et à sa famille lui est remboursé, comme il a été dit plus haut pour le cas où le père rompt les fiançailles illégalement.

Le père (ou le tuteur) ne peut casser les fiançailles de sa fille (ou de sa pupille) que dans les cas suivants :

1° Si le fiancé de sa fille, sans motif, lui déclarait, devant deux témoins au moins, qu'il casse ses fiançailles ;

2° Si le fiancé ne se plie pas aux obligations qu'il a envers sa fiancée, telles que les prévoit la coutume :

a) Dons d'argent pour l'achat et la confection du trousseau, de mil pour l'achat de coton, calebasses, corbeilles ;

b) Don de cendres à sa future belle-mère pour la teinture de certaines pièces du trousseau (*kanda diâré*) de sa fiancée ;

c) Egards envers le père et la mère de sa fiancée, visites à leur faire aux époques fixées : naissances, décès.

Dans ce cas, le père de la jeune fille doit envoyer au fiancé, avant de casser les fiançailles, deux notables pour le prévenir d'avoir à se conformer à la coutume et à changer de conduite. Si le fiancé ne tient acun compte de cet avertissement, les fiançailles sont cassées.

Les notables servent de témoins en justice ;

3° Si le fiancé ne respecte pas la date fixée pour la célébration du mariage :

a) Si, le jour du mariage arrivant, le fiancé est absent du pays sans avoir prévenu les parents de sa fiancée de son voyage ;

b) Si le fiancé, qui a prévenu qu'il partait en voyage, ne rentre pas le jour fixé pour la céremonie ; mais, alors, le père de la fiancée devra envoyer un de ses parents (un de ses frères ou l'un de ses cousins germains) au fiancé, pour lui dire que si, à telle date (deux mois habituellement), il n'est pas rentré, les fiançailles seront cassées ;

c) Si le jeune homme, étant dans le pays ou dans le village, cherche à reculer, sans motif valable, la date qui a été fixée pour la célébration du mariage.

Dans chacun de ces cas, c'est un tribunal de notables ou le tribunal ordinaire qui doit déclarer s'il y a eu vraiment violation d'engagement de la part du fiancé et s'il y a lieu de lui rembourser ou non les cadeaux, dépenses, etc., qu'il a faits au moment de ses fiançailles et après. Mais, s'il est prouvé que le fiancé s'est rendu coupable sciemment de manœuvres ayant pour but de pousser le père de sa fiancée à casser les fiançailles, les cadeaux resteraient la propriété légale de ceux qui les ont reçus et aucune dépense ne lui serait remboursée ;

4° Les fiançailles sont cassées de plein droit si le fiancé ou la fiancée commet un délit ou un crime qui atteint l'honneur de la famille.

PÉNALITÉS CONTRE CEUX QUI NE RESPECTENT PAS LES FIANCÉES

La plupart des disputes graves qui séparent les familles, dans le Guidimakha, proviennent de ce que des tiers ne respectent pas les fiancées des autres, ou de ce que des individus jaloux cherchent à brouiller entre elles les familles des fiancés, de façon à ce que l'une des deux familles rompe des fiançailles officiellement existantes.

Très judicieusement, la coutume a prévu et réprimé les cas qui peuvent se produire, comme suit :

1° Tout individu qui, à l'aide de moyens frauduleux, mensonges ou diffamation, essaie de faire casser les fiançailles de quelqu'un est condamné à payer, lorsqu'il est découvert, des dommages et intérêts à la partie qu'il aura lésée, sans préjudice de la peine de fers à laquelle il peut être condamné pour diffamation ;

2° Tout individu qui, par des mauvais conseils, par menaces ou mensonges, pousse une fiancée à ne pas respecter la volonté de son père, est puni de 100 coups de corde ou d'une amende de 30 pièces de guinée (estimée uniformément à 6 francs la pièce) ;

3° Tout individu qui, ayant détourné une fiancée de ses devoirs et l'ayant séduite, est surpris, ou la rend mère, est condamné :

a) Si c'est un homme marié présentement, veuf ou divorcé, à payer la dot maximum à la jeune fille, et à la peine de mort par décapitation ; mais il peut racheter sa vie en payant, au chef du pays, 100 pièces de guinée (estimée, quel que soit le cours de la guinée, à 6 francs la pièce) ;

b) Si c'est un célibataire (pris dans le sens propre d'homme qui ne s'est jamais marié), à recevoir 100 coups de corde, à une peine d'un an de fers, et à payer la dot à la jeune fille.

Dans le troisième cas ci-dessus, la coutume ne fait pas de différence, que la fiancée ait été violée ou qu'elle ait été consentante. Elle n'accorde pas de circonstances atténuantes au séducteur ;

4° Celui qui enlève (*siguiti*) la fiancée d'autrui pour son compte, sera puni :

a) S'il n'a fait que l'enlever et s'il peut prouver qu'il l'a respectée (virginité de la jeune fille contrôlée par trois femmes mariées) et confiée à une de ses parentes, d'une peine de fers dont la durée est fixée par les notables membres du tribunal ;

b) S'il est prouvé qu'il lui a pris sa virginité, aux peines du troisième cas, suivant qu'il est marié ou célibataire.

Mariage

Lorsque le fiancé s'est procuré par son travail les biens nécessaires, que ses greniers sont pleins de mil, qu'il a construit la case et le grenier destinés à sa femme, qu'il a acheté les vêtements et les ustensiles de ménage indispensables, il fait demander avec beaucoup de ménagement à sa future belle-mère — celle-ci, à l'approche du mariage de sa fille qui va bientôt la quitter, étant très nerveuse, très susceptible — si elle a terminé le trousseau de sa fille, si elle a fait l'acquisition des calebasses, paniers, etc., si elle est prête et si la date du mariage peut être fixée.

Si la mère de sa fiancée lui fait répondre qu'elle est prête, le fiancé, accompagné de son père, va lui rendre visite, et, avec beaucoup de ménagements, avec des précautions de langage, avec des sourires, lui dit qu'il désirerait avoir sa femme. La future belle-mère trouve toujours que c'est trop tôt, qu'il reste quelque chose encore à faire ; mais son futur gendre aura raison d'elle en la flattant, en lui promettant d'être un bon et généreux mari, et surtout en lui remettant au bon moment un cadeau en argent.

Dès que la mère de la fiancée a dit qu'elle était prête, séance tenante le père de la fiancée et celui du fiancé, après avoir consulté la mère de la fiancée, fixent la date du mariage.

D'après la coutume stricte, c'est le père de la fiancée qui doit fixer la date de la célébration du mariage, mais, en fait, celui-ci ne fixe que la date choisie par la mère, afin d'éviter un conflit dont les effets seraient préjudiciables aux fiancés.

Les mariages se célèbrent presque toujours le jeudi,

après le coucher du soleil. Chez les Sarakollé, les jours se comptent d'un coucher du soleil à l'autre : le jeudi soir est donc, pour eux, le début du vendredi, jour saint des musulmans. Un mariage célébré ce jour-là est béni de Dieu et les jeunes époux sont certains d'avoir beaucoup d'enfants.

Si la mère de la jeune fille se figurait, à tort ou à raison, qu'on la traite en quantité négligeable, elle dirait : « Ah, mais non, je ne suis pas prête, j'ai oublié telle chose », et un retard de plusieurs mois s'ensuivrait.

Enlèvement de la fiancée

Le *siguitindé*, ou enlèvement légal, a été institué justement pour faire entendre raison aux futures belles-mères par trop susceptibles. C'est l'enlèvement pur et simple de la fiancée par le fiancé lui-même, ou par des amis du fiancé délégués par lui à cet effet.

Il se pratique avec la complicité soit du père et de la mère de la fiancée, soit du père seulement, soit du frère de la fiancée et du fiancé, soit de la fiancée uniquement.

Il arrive parfois que le père et la mère de la fiancée n'ont pas les moyens de faire les frais de la noce, ou qu'ils n'ont pas pu, pour des motifs d'ordre financier ou autre, faire le trousseau de la jeune fille. Pour éviter une honte, ils demandent à leur futur gendre d'enlever leur fille.

D'autres fois, très rarement, la jeune fiancée a déclaré que, le soir de la cérémonie du mariage, elle refusera d'aller chez son mari. Pour éviter un scandale, les parents de la fiancée conseillent à celui-ci de l'enlever. Ce *siguitindé* est brutal, car les parents mâles deviennent acteurs, il faut qu'ils luttent contre la jeune fille qui résiste.

Lorsque le père de la fiancée, ses frères et la fiancée elle-même se rendent compte que la future belle-mère met de la mauvaise volonté à hâter l'achèvement du trousseau de sa fille, ils conseillent au futur d'enlever sa fiancée.

Mais, dans ce cas, la mère de la fiancée se brouillera avec son gendre et avec sa fille. Pour se remettre d'accord, il faudra que son gendre lui ramène sa fille chez elle et, alors seulement, elle donnera à sa fille le trousseau qu'elle lui a préparé, et à son gendre le *dissa* et le « boubou » que chaque nouvelle mariée remet à son époux le lendemain du mariage.

Elle fera conduire sa fille chez son mari par un cortège qu'elle aura organisé elle-même, avec tout le cérémonial du mariage.

Le dernier cas est celui du *siguitindé* de la fiancée avec le consentement de celle-ci uniquement. Il arrive que, en dépit des précautions, les deux fiancés, malgré la coutume, se soient vus la nuit, qu'ils aient eu des relations intimes et que la taille de la jeune fille commence à grossir : pour éviter la honte, la fiancée demande à son fiancé de l'enlever.

Dans tous les cas qui précèdent, les *modi* marient les fiancés dès qu'ils arrivent au domicile du mari.

Parfois, une jeune fille et un jeune homme, malgré la coutume, malgré l'usage, s'aiment. Le jeune homme demande la jeune fille à son père, ou à son tuteur légal, et on la lui refuse. La jeune fille est majeure, mais elle n'est fiancée à personne. Le jeune homme est majeur et célibataire. Pour forcer ses parents, la jeune fille se fait enlever par le jeune homme. Que prévoit la coutume?

1° Si le jeune homme a respecté la jeune fille, le Chef du pays l'oblige à rendre la jeune fille, laquelle est remise à son père, qui la corrige. Le jeune homme, après avoir rendu la jeune fille, n'est pas inquiété ;

2° S'il a pris la virginité de la jeune fille, le jeune homme est condamné à rendre la jeune fille à son père et à payer la dot maxima.

Le jeune homme, ensuite, peut demander régulièrement la jeune fille à son père ou à son tuteur et, s'il est agréé, l'épouser.

Mais, tant que la jeune fille n'aura pas l'autorisation de son père, aucun *modi*, aucun chef de village ne mariera les jeunes gens ayant accompli le *siguitindé* illégal.

Tout individu qui enlève une jeune fille fiancée à un autre est puni comme il a été dit plus haut à la fin du paragraphe relatif aux fiançailles (3e et 4e cas).

Celui qui enlève une femme mariée est puni comme on le verra plus loin au paragraphe « Adultère ».

Dot

La dot qu'aura à payer à sa femme le jeune marié est fixée en même temps que la date de la célébration du mariage.

La dot appartient à la jeune fille qui se marie; c'est un don nuptial, un don obligatoire fait à la femme par le mari. Contrairement à la coutume qui fait loi chez la plupart des peuples soudanais, la dot n'est pas versée à la famille de la mariée, mais à cette dernière elle-même (1). Si la dot est payée le jour même de la célébration du mariage, en totalité ou en partie, en animaux, la jeune femme conduit ces animaux chez son mari et elle en dispose à son gré : le beurre, le lait, les produits sont pour elle; elle peut les vendre, les échanger sans que son mari puisse l'en empêcher. Avec la vente du lait et du beurre, elle achètera de l'or, des bijoux, etc. Si la dot a été payée en argent, la femme, habituellement, achète de l'or avec la somme reçue.

Toutefois, la dot est aussi, en quelque sorte, un « cautionnement », une somme déposée en garantie, car, si le femme abandonnait son mari, ou si le divorce était prononcé contre elle, elle rembourserait la totalité de la dot reçue.

Mais dans ce cas, si elle a reçu sa dot en animaux, elle ne doit rendre, en exécution de la coutume faisant loi, que le nombre d'animaux de chaque sexe qu'elle a reçus ou leur valeur; le produit de ces animaux reste sa propriété. Exemple : Brahima Kamara, en se mariant, donne comme dot à sa femme Kodaré Kamara deux vaches d'une valeur de 150 francs chacune; les deux vaches ont rapporté à Kodoré trois veaux et huit *minkhallé* d'or (vente de lait et de beurre pendant plusieurs années), de 30 fr. chacun; si le mariage entre Brahima et Kodoré vient à être dissous aux torts de la femme, Kodoré n'aura à rendre à son mari que tous les cadeaux reçus pendant les fiançailles, et deux vaches, d'une valeur de 150 francs chacune. Le reste lui appartient en propre.

La dot devient la propriété définitive de la femme :

1° Si le mari décède sans que le mariage ait été dissous;

2° Si le mari répudie sa femme;

3° Si le divorce est prononcé contre le mari.

Si la femme décède avant son mari, alors que le mariage n'est pas dissous, la dot fait partie des biens constituant la succession de la défunte et est partagée avec ses autres

(1) A cet égard, comme à plusieurs autres (notamment en ce qui concerne les successions), la coutume suivie par les Sarakollé du Guidimakha semble avoir été influencée par l'islamisme.

biens entre ses héritiers, dont son mari, qui a droit au sixième de la totalité des biens laissés par sa femme.

Autrefois, la dot consistait, chez les Kamara, en un captif mâle, d'une valeur de 20 pièces de guinée, et cinq vaches, d'une valeur de 2 pièces de guinée chacune ; chez les Soumaré, Gassama et Diabira, en quinze vaches de la même valeur que ci-dessus.

Aujourd'hui, la dot habituelle est de 200 francs, les cadeaux des fiançailles non compris ; ceux-ci peuvent atteindre une somme variant entre 200 et 1.000 francs.

La dot est fixée en même temps que la date de la célébration du mariage. Elle peut être payée le jour de la célébration du mariage, ou après, ou à des délais qui ont été fixés, mais, en général, on n'en fixe pas.

Si, au moment de la fixation de la dot, un délai a été fixé, le jeune mari doit s'exécuter ; sans cela, la femme a droit, conformément à la coutume, au divorce, et celui-ci sera prononcé en sa faveur à elle.

Il arrive aussi, souvent, qu'une femme, bien traitée par son mari, lui fait remise, à titre de cadeau, d'une partie ou de la totalité de la dot. Ce cadeau doit être fait en présence de deux témoins notables au moins ; sans cette formalité, la donation est nulle.

Au cas où une femme se présenterait par devant un tribunal et demanderait sa liberté parce que son mari ne lui aurait pas payé la dot, elle devrait prouver, par le témoignage de deux notables au moins, qu'un délai avait été fixé ; si la preuve ne pouvait pas être faite, le tribunal fixerait le délai et si, à l'échéance, le mari ne s'exécutait pas, la femme obtiendrait sa liberté.

Dans le cas où un mari décéderait avant d'avoir payé la totalité ou une partie de la dot de sa femme, la somme due serait prise dans les biens constituant la succession du défunt, avant de payer les dettes du *de cujus* et avant le partage entre les héritiers.

A cet effet, la coutume prévoit que quiconque cache des biens appartenant à son mari, décédé sans avoir payé la dot à sa femme, ou à ses femmes, dans le but d'empêcher le paiement aux ayants-droit des sommes dues sur leur dot, sera puni comme un voleur, même si cet individu est le père, la mère, le frère, la sœur, le cousin ou la cousine du défunt (Voir « Vol », au paragraphe « Délits et Crimes »).

Cérémonie du mariage

La cérémonie du mariage diffère suivant que les futurs époux habitent ou non le même village.

1° *Futurs époux demeurant dans le même village*

Dès que la date du mariage a été fixée, le père de la future et celui du futur préviennent leurs parents et leurs amis et les invitent à assister à la cérémonie et aux réjouissances. Des invitations sont envoyées à ceux qui demeurent au dehors.

Les premiers invités sont les *niamakhalo* et surtout les griots (*diarou*) des deux familles qui vont marier leurs enfants. Ceux-ci prennent une part active à la cérémonie et, en particulier, les *diarou*, qui chanteront les qualités des jeunes époux et de leurs familles et qui dirigeront les chants, très nombreux, au cours de la cérémonie. Aux « tam-tam », ils divertiront tout le monde par leurs danses, leurs grimaces et leurs pantomimes. C'est un véritable tournoi d'esprit entre le *diaré* de la jeune fille et celui du jeune homme, l'un cherchant à surpasser l'autre en trouvant des qualités inédites à son client.

Supposons que le jour fixé soit un vendredi (le vendredi commence le jeudi au coucher du soleil), pour permettre de mieux comprendre le déroulement de la cérémonie.

Le jeudi matin, avant le lever du jour, l'épousée revêt ses vêtements de noce, qui se composent uniquement de deux pagnes en coton blanc tissés dans le pays, de dimensions différentes. Le plus petit, qui est confectionné avec sept bandes de coton de $0^{m},20$ de large et de quatre coudées de longueur chacune, porte le nom de *yéti yirâmé* ; il est attaché autour des reins comme un pagne ordinaire. Le plus grand, confectionné avec huit bandes de coton de $0^{m},20$ de large et sept coudées de longueur chacune, est posé sur la tête de la mariée par son milieu et lui recouvre la tête, le visage et le buste par devant et par derrière. Ce pagne, qui servira de drap de lit à la jeune mariée la première nuit de ses noces, lorsqu'elle sera conduite chez son mari, se nomme *briga*. La jeune mariée n'a ni camisole, ni « boubou ». Ses cheveux sont simplement arrangés et sa coiffure ne comporte aucun ornement ; seul, un *tapé* (fil de coton avec des nœuds) sera attaché à la petite tresse du front pour conjurer l'action des *soughounio*, qui se dépensent beaucoup, ce jour-là, pour faire du mal à la jeune épousée. Elle ne porte aucun bijou.

Ainsi vêtue, elle pénètre, avant le lever du soleil, dans la case de sa mère, qu'elle ne devra pas quitter de toute la journée, pour y faire le *khoukhoupé* (isolement). Le *khoukhoupé* dure du lever du soleil à l'heure où, le soir, les amies de l'épousée l'enlèveront pour aller la cacher. Pendant toute la journée du jeudi, la jeune épousée, entourée des amies de son âge non encore mariées (ses demoiselles d'honneur), celles-ci vêtues de leurs plus beaux habits et parées de tous leurs bijoux, reste assise sur une natte, la figure et les cheveux voilés. Elle ne peut quitter la case sous aucun prétexte ; elle ne doit pas dormir. Des demoiselles d'honneur la distraient, en chantant, en racontant des histoires gaies, etc.

Elle reçoit beaucoup de visites, dans la journée, de ses sœurs, de ses tantes, de ses amies. Aucun homme n'est admis, même pas son propre père.

A la première heure du jour aussi, le futur mari, accompagné des amis de son âge, fait son entrée dans la case de sa mère à lui, pour faire aussi le *khoukhoupé*. Il est vêtu à peu près comme la future mariée. Il a un *tébi*, petit pagne de coton de sept bandes de $0^{m},20$ de large et de quatre coudées de longueur, autour des reins, et il a le buste et la tête couverts d'un autre pagne appelé *bipâdé*, qui a les mêmes dimensions que le *tébi*. Il n'a pas d'autre vêtement. Il porte un bracelet en argent au bras droit.

Lui, non plus, ne peut sortir de la case sous aucun prétexte. Ses garçons d'honneur ne le quittent pas et le distraient, l'amusent, en racontant des histoires grivoises, en critiquant les parents des uns et des autres, en imitant comiquement leur démarche, etc. Il est absolument interdit de se fâcher.

Le futur, dans la case de sa mère, pendant le *khoukhoupé*, reçoit la visite de ses parents et parentes, de ses amis ; ses cousines germaines en profitent pour se montrer, en costume de fête et couvertes de bijoux, aux garçons d'honneur, et pour se moquer de leur cousin « qui ne peut pas se fâcher » et rire de son acoutrement ! Celui-ci rage intérieurement, mais, craignant l'amende que lui infligeraient ses garçons d'honneur, il ne répond pas. Il a fait tant de dépenses déjà !

Les demoiselles d'honneur et les garçons d'honneur

prennent leurs repas avec les futurs dans les cases et les maisons respectives des parents de chacun de ceux-ci.

Toute la journée, c'est un va-et-vient de visites dans l'une et l'autre maison ; dans chaque maison, c'est la mère de la mariée ou celle du marié qui, en vêtements de fête et couverte de bijoux, reçoit les visiteurs.

Dans la maison de la mariée, on ne fait que la cuisine indispensable aux habitants de la maison et aux demoiselles d'honneur, mais, dans celle du marié, si le déjeuner est simple, il n'en est pas de même pour le repas du soir. Avant le coucher lu soleil, le père du marié fait tuer des moutons (ou un bœuf) et il fait préparer le couscous de noces (*walima*), qui sera offert à la jeune épousée, à ses demoiselles d'honneur et aux parents et amies qui la conduiront, lorsqu'elles feront leur entrée solennelle dans la maison du nouveau marié.

Au coucher du soleil, les jeunes filles du village non demoiselles d'honneur se réunissent et, en groupe, parcourent le village en chantant. La jeune fille qui a la plus forte voix chante :

« *Dioula guirivo, yakha nânou dioula guirivo* ;
« *Dioula guirivo mourou tânou dioula guirivo.* »

(Voici un mariage ! Jeunes filles, garçons, apprenez qu'un mariage va se faire !)

Les autres filles répondent en chœur : « *Magassa* » (refrain qui ne signifie rien).

La chanteuse reprend : « *Dioula do oniama, Dioula do ohanta.* » (Le mariage a diminué le groupe des jeunes filles ; si cela continue, il n'en restera plus.)

Le cœur répond : « *Magassa* ».

La chanteuse et les autres filles continuent en chœur :

« *O kouda fanké mougouvô,*
« *Khoussou m'pankéyéyivô*
« *Djaïlo moïlo yelli ganno ogori,*
« *Yelli ganno oguidani deni.* » (Un vent de mariage souffle, qui écarte de nous les plus jeunes des vierges et qui emporte nos grandes sœurs.)

Le groupe de jeunes filles se dirige alors vers la maison du mari, tout en chantant et tapant des mains, et devant la porte de la cour, elles chantent :

La chanteuse : « *Orokina fayé kan niakha doumbé kina fayé.* »

Le chœur répond : « *Fayé fo.* »

La chanteuse : « *Orokina fayé khalissi khoullé kina fayé.* »
Le chœur : « *Fayé fo.* »

Traduction approchée : « Nous sommes venues voir le mari qui est en or rouge (or pur). Comme il est beau ! — Nous l'admirons ! — Il est en argent blanc (argent pur) ! — Nous l'admirons ! »

Puis, les chanteuses vont chez la jeune mariée ; elles entrent dans la cour et elles chantent devant la porte de la case où l'épousée est en *khoukhoupé* :

La chanteuse : « *Sira djîdi siravô.* »
Le chœur : « *é.* »
La chanteuse : « *Ampayé tellé vandi ka.* »
Le chœur : « *é.* »
La chanteuse : « *Sakhé n'tanda wandi ka.* »
Le chœur : « *é.* »
La chanteuse : « *Fabé n'tanda wandi ka.* »
Le chœur : « *é.* »
La chanteuse : « *Dou yimbi wouttâno n'ganâri.* »
Le chœur : « *é.* »
La chanteuse : « *Dou sombi min'nâno n'ganâri.* »
Le chœur : « *é.* »
La chanteuse : « *Dou sombi sossâno n'ganâri.* »
Le chœur : « *é.* »
La chanteuse : « *Miwa antirindini an kinaya.* »
Le chœur : « *é.* »
La chanteuse : « *Miwa antirindini an kallouya.* »
Le chœur : « *é.* »
La chanteuse : « *Sira djîdi n'ti n'tatou.* »
Le chœur : « *é.* »
La chanteuse : « *N'tatou gada hôro siré wassa.* »
Le chœur : « *é.* »
La chanteuse : « *N'gatou hôro bouré khossé.* »
Le chœur : « *é.* »

Cette chanson est repétée plusieurs fois, à une mesure rapide. En voici la traduction approchée : « Une telle, tu vas quitter ta maison, la maison de ton père, tu vas aller dans la maison d'un autre, où tu n'auras pas ta mère, ni ton père. Si ceux qui font semblant de venir prendre du feu, si ceux qui font semblant de venir boire le *sombi* avec toi, si ceux qui font semblant de t'aider à piler le mil venaient te voir dans cette maison, et s'ils te demandaient des confidences sur ton mari, et s'ils te demandaient des confidences sur tes beaux-parents, sur leur caractère, leur façon de vivre et ce que tu penses d'eux, réponds comme répondent les vrais nobles : « Je ne sais pas », et ne réponds pas comme ceux qui ne sont pas nobles : « Je vais vous dire, asseyez-vous, voici... »

Pendant que circule cette bande joyeuse dans toutes les rues du village, qu'elle va chez le marié, puis chez la mariée chanter la chanson qui précède, les parentes et amies quittent leurs maisons pour se rendre dans celles des nouveaux mariés, où elles resteront jusqu'à ce que la jeune mariée ait été conduite à son mari.

Après la prière du coucher du soleil (*foutouro ntiallé*), par conséquent pendant que les jeunes filles circulent en chantant dans le village comme il a été dit plus haut, le père de la mariée et le père du futur, accompagnés du chef du village et de tous les parents masculins des deux familles, des notables, de leurs amis et serviteurs, se rendent à la mosquée (*missidé*), où les attend le *modi* (marabout) ou l'*almami* (imâm).

Le *modi* est assis sur son *salli goudia* (tapis de prière fait d'une peau de mouton), face à l'Est ; les arrivants s'asseyent devant lui en rangs ; au premier rang se placent le chef du village, les pères des mariés et les notables.

Lorsque tout le monde est assis et que le silence s'est fait, le *modi* demande au père de la mariée quel est le montant de la dot fixée. Le père répond.

Le *modi* poursuit, en s'adressant au père du marié :

« Tu as entendu? Acceptes-tu cette dot? »

La réponse est toujours : « Oui. »

Le *modi* dit au père du marié :

« Paies-tu la dot comptant, ou à délai, fixé ou non fixé? »

Le père du marié, s'il a sur lui la somme, la tend au *modi*, qui la vérifie et la remet au père de la mariée, lequel la compte devant tout le monde et dit ensuite : « Il y a tant, la dot est complète. »

Si la dot doit être payée en bétail, le père du jeune marié dit : « La dot est chez moi, elle se compose d'une vache rouge appelée X, âgée d'environ X ans, d'une autre vache, grise, appelée Y, âgée de 3 ans, du pied de ma jument blanche, etc. »

Si le père de la jeune mariée connaît les animaux, il répond : « Je connais ces animaux, je les accepte. »

S'il ne les connaît pas, deux ou plusieurs notables vont les reconnaître ; on attend leur retour. A leur retour, ils confèrent avec le père de la jeune mariée, qui dit : « J'accepte. » Tous les notables présents serviront de témoins, plus tard, en cas de contestation.

Si le père du marié n'a pas la dot, ou si un délai a été fixé, il dit : « Un délai de tant a été fixé », et il verse un acompte d'au moins 5 francs, pour que le mariage puisse être prononcé. Le pére de la mariée dit à haute voix : « Oui, le délai de tant a été fixé pour le paiement de la dot », ou : « Nous ne voulons pas fixer de délai pour le paiement de la dot, mon gendre la paiera lorsqu'il le pourra, ou le jour où il épousera une deuxième femme. » Mais le père du marié est obligé, pour permettre que le mariage se fasse, d'avancer sur cette dot, quel que soit son montant, au moins 5 francs.

Le *modi*, une fois la partie « intérêts » réglée, fait des prières ; les gens présents répondent : « *Amina.* »

Dans sa prière, le *modi* dit, à voix assez haute pour être entendu de tous, et en arabe (presque personne, dans l'assistance, ne comprend l'arabe), qu'une telle, fille d'un tel, devant Dieu et ses saints, devant le chef du village et ses notables, devant tous les assistants, avec le consentement de son père, devient, de par cette prière, l'épouse d'un tel, fils d'un tel, et que la dot a été fixée à tant, qu'elle a été ou n'a pas été payée comptant, etc.

Après les prières, le père du marié remet au *modi*, de la part de son fils, le *modi ndjibakhé* (de 2 à 5 francs). Dans l'ancien temps, le *modi ndjibakhé* consistait en la remise d'un pagne de coton blanc de huit bandes de $0^{m},20$ de large et de 4 coudées de long.

Aussitôt les prières terminées, les jeunes gens tirent des coups de fusil pour prévenir les mariés (qui sont, chacun chez sa mère, en état de *khoukhoupé*) qu'ils sont mariés, et, du même coup, en avisent tout le village. Toute la nuit, on entendra des salves tirées en l'honneur des jeunes mariés.

A partir de ce moment-là, les « tam-tam » commencent dans les maisons des deux jeunes conjoints, la population du village se portant, suivant sa parenté, son degré d'amitié ou sa sympathie, vers l'une ou l'autre maison. Ces deux « tam-tam », du reste, après que la jeune mariée aura été conduite chez son mari, se réuniront en un seul, sur la place principale du village, et la danse durera jusqu'au lever du jour. Les griots et tous les *niamakhalo* se chargeront de l'animer par leur infatigable entrain.

En sortant de la mosquée, les pères des mariés sont félicités ; ils distribuent de nombreuses noix de cola, puis ils rentrent chez eux raconter aux mères des nouveaux mariés ce qui a été fait et dit ; celles-ci se rendent chez leurs enfants, à leur tour, pour leur raconter la même chose.

Au repas du soir, fait pour les garçons d'honneur dans la case de la mère du marié et avec ce dernier, ceux-ci invitent à dîner avec eux des enfants de 13 à 15 ans et les chargent d'aller surveiller les abords de la maison de la nouvelle mariée et de la suivre si elle sortait, de façon à pouvoir les renseigner sur le lieu de sa cachette ou de celle des demoiselles d'honneur. Mais les demoiselles d'honneur sont rusées, comme on le verra plus loin.

Au moment où le va-et-vient dans la maison de la mère de la mariée bat son plein, où les conversations sont très animées, où des griottes envoyées exprès attirent à elles toute l'attention par leurs grimaces et par ce qu'elles disent, les demoiselles d'honneur sortent une à une de la case où se faisait le *khoukhoupé* et enlèvent la nouvelle mariée ; profitant de l'obscurité, et avec la complicité de fidèles servantes qui ont déplacé un ou deux piquets de la tapade, elles se glissent hors du logis paternel de la mariée, traversent les cours voisines et vont cacher la mariée dans la maison du chef, ou dans celle de l'un des *modi*, ou encore dans celle d'un notable quelconque, pendant que les enfants postés à cet effet font religieusement le guet devant la maison de celle qu'ils croient surveiller et qui n'y est plus.

La nouvelle mariée ne peut être cachée que dans la maison de gens mariés et elle doit avoir auprès d'elle, dans sa cachette, au moins une de ses demoiselles d'honneur.

Aussitôt la *manio yakharé* (mariée) cachée, les demoiselles d'honneur vont se cacher à leur tour.

A ce moment-là, une des femmes qui doit accompagner tout à l'heure la mariée chez son mari, avertie que toutes sont bien cachées, fait semblant d'aller voir la mariée dans la case de sa mère ; en arrivant devant la porte de cette case, elle s'écrie : « La mariée n'est plus là ! » Alors, toutes les jeunes filles présentes se sauvent en criant et toutes les jeunes filles de 13 ans et plus du village se cachent à leur tour, car gare à elles aussi tout à l'heure ! Une des griottes, en courant, va prévenir les garçons d'honneur du mari que la *manio yakharé* a été volée. Les garçons d'honneur se lèvent aussitôt et sortent en courant, se rendant d'abord au lieu de rendez-vous fixé à leurs jeunes guetteurs, mais ceux-ci, honteux d'avoir été bernés, ne s'y trouvent pas : craignant la colère et la brutalité de leurs aînés, ils se sont réfugiés dans l'unique lieu sûr du village, la mosquée, qu'ils fréquentent peut-être pour la première fois.

Au départ des garçons d'honneur, le mari quitte la case de sa mère et se rend dans celle qu'il a construite pour sa jeune femme ; c'est là qu'il attendra celle-ci et qu'elle lui sera conduite.

Les garçons d'honneur se répandent donc dans le village à la recherche de la mariée et de ses demoiselles d'honneur, mais le vide s'est fait devant eux. Aucune jeune fille ! S'ils en trouvent une quelconque, même une jeune fille qui ne soit pas demoiselle d'honneur, ils la frappent jusqu'à ce qu'elle dise où sont cachées la *manio yakhare* et ses compagnes. Bien entendu, cette jeune fille, malheureuse victime de son imprudence et de sa sottise, ne connaît pas la cachette, mais il faut qu'elle se défende : sa défense, c'est le mensonge, et elle dit alors à ses bourreaux, avec aplomb, comme si la réponse était sincère : « Elle est cachée chez un tel, elle est sous le lit, et la femme d'un tel est avec elle, ainsi que sa demoiselle d'honneur une telle. » Les garçons d'honneur la lâchent, se précipitent chez un tel, mettent tout sens dessus dessous dans sa case, mais point de *manio yakharé*, et leur victime détale à toute vitesse, malgré la douleur des coups reçus, et se cache mieux cette fois-ci.

La recherche de la mariée et de ses compagnes est très amusante ; malheureusement, beaucoup de jeunes gens s'y montrent d'une brutalité blâmable.

Les garçons d'honneur ne doivent inquiéter aucune femme mariée ; il suffit qu'une jeune femme dise : « Je suis une telle, femme d'un tel », pour qu'elle ne soit pas molestée et pour qu'elle ne soit pas interrogée. Mais aucune jeune fille surprise ne se fera passer pour une femme mariée. C'est un usage respecté par tous.

De même, les jeunes gens du village non garçons d'honneur et les hommes mariés n'aideront pas les garçons d'honneur dans leurs recherches.

Quel sera le résultat de cette partie de cache-cache qui a fait disparaître comme par enchantement toutes les jeunes filles du village sans exception ? L'un des trois résultats suivants : ou bien les jeunes gens trouvent la *manio yakharé* ; ou bien ils découvrent les demoiselles d'honneur, mais non la *manio yakharé* ; ou bien ils ne trouvent ni la *manio yakharé* ni ses compagnes.

Dans le premier cas, les jeunes gens crient : « La voici ! » et alors toutes les demoiselles d'honneur, sortant de leurs cachettes, viennent vers la *manio yakharé*, qui est conduite dans la maison de sa mère et de son père et remise aux femmes qui doivent la conduire à son mari.

Dans le deuxième cas, les garçons d'honneur frappent les demoiselles d'honneur trouvées jusqu'à ce qu'elles disent où se cache la mariée, et ils ne les lâchent que lorsqu'ils l'ont découverte.

Dans le troisième cas, les jeunes gens cherchent jusqu'à minuit, puis, dépités, fourbus, honteux, ils vont supplier les femmes mariées de leur indiquer la cachette de la *manio yakharé*. Celles-ci leur répondent : « Cherchez ! » et cela continue jusqu'au chant du coq de trois heures du matin. A cette heure-là, après que tout le monde (hommes, femmes et enfants) s'est bien moqué des garçons d'honneur, les femmes mariées se réunissent et invitent la jeune mariée à rentrer dans la maison de ses parents avec ses compagnes. Elle obéit, mais en passant devant les garçons d'honneur, dépités, qui n'ont plus le droit de l'escorter chez elle, elle et ses compagnes se moquent d'eux, et ils s'en vont penauds, chez le marié, lui raconter leur mésaventure. Celui-ci et toute sa famille se moquent d'eux à leur tour et, jusqu'au lever du jour, les garçons d'honneur seront la risée de tout le monde.

Mais le troisième résultat se produit rarement ; le plus habituel est le deuxième cas.

Une fois la *manio yakharé* entre les mains des femmes qui doivent la conduire chez son mari (ces femmes portent le nom de *léguindâno*), celles-ci la baignent avec de l'eau tiède, puis lui enduisent légèrement tout le corps (pour que la peau reluise bien) avec du beurre parfumé à la fleur de *khilé* ; ce beurre se nomme *galâlé*.

Pendant cette toilette, toutes les jeunes filles du village, sauf les demoiselles d'honneur, c'est-à-dire les mêmes qui ont chanté au coucher du soleil, chantent la chanson suivante :

La chanteuse : « *Khada manio kouloudiâvo.* »
Le chœur : « *Manio sômo doumbé.* »
La chanteuse : « *Adi lîla doumbou kouloudiâvo.* »

Le chœur : « *Manio sômo doumbé.* »
La chanteuse : « *Adi kan niakha doumbou koukludiâvo.* »
Le chœur : « *Manio sômo doumbé.* »
La chanteuse : « *Adi dissa doumbou kouloudiâvo.* »
Le chœur : « *Manio sômo doumbé.* »
La chanteuse : « *Adi petti doumbou kouloudiâvo.* »
Le chœur : « *Manio sômo doumbé.* »
La chanteuse : « *Adi fayé binnou kouloudiâvo.* »
Le chœur : « *Manio sômo doumbé.* »
La chanteuse : « *Adi fendéli binnou kouloudiâvo.* »
Le chœur : « *Manio sômo doumbé.* »
La chanteuse : « *Adi mokko doumbou kouloudiâvo.* »
Le chœur : « *Manio sômo doumbé.* »
La chanteuse : « *Adi moukhou khallou kouloudiâvo.* »
Le chœur : « *Manio sômo doumbé.* »

Traduction approchée : « Parez la jeune mariée avec de beaux pagnes noirs ; couvrez-la avec une belle écharpe brillante, avec des voiles noirs, avec des pagnes de dessous bien teints, avec des pagnes lustrés ; couvrez-là d'argent pur et chaussez-là de belles pantoufles jaunes. »

Les *léguindâno* sont les sœurs de la mariée, ses cousines, les amies mariées et les femmes des notables qui viennent pour faire honneur à la mariée.

Après que les *léguindâno* ont lavé la mariée et lui ont fait revêtir à nouveau son vêtement de noce, on va prévenir la mère du marié chez elle. Dans cette maison, un autre cortège, appelé *guimmâno*, se prépare ; il se compose des sœurs mariées et des cousines du marié, des amies des précédentes et des servantes du marié.

A un moment donné, ce cortège, précédé des griots de la famille du mari, qui frappent sur des petits tambours, se met en marche vers la maison de la mariée. Dès son départ de la maison du mari, les femmes du cortège *guimmâno* chantent en frappant des mains :

La chanteuse : « *Ido khâïvô* » (on nous a envoyées).
Le chœur : « *O khariwô* » (nous sommes venues).
La chanteuse : « *Baba foulâno do o khaïwô* » (notre père un tel nous a envoyées).
Le chœur : « *O khâri* » (nous sommes venues).
La chanteuse : « *Youmma foulâno do khaïwô* » (notre mère une telle nous a envoyées).
Le chœur : « *O khâri* » (nous sommes venues).

Le cortège *guimmâno* arrive dans la cour de la maison de la mariée et chante de nouveau :

La chanteuse : « *Khada kinoï* » (donnez-nous-la).

Le chœur : « *O dalla siguini* » (nous avons trop attendu).

La chanteuse : « *Fabé n'da kinoï* » (son père nous l'a donnée).

Le cœur : « *O dalla siguini* » (nous avons trop attendu).

La chanteuse : « *Sakhé n'da kinoï* » (sa mère nous l'a donnée).

Le chœur : « *O dalla siguini* » (nous avons trop attendu).

La chanteuse : « *Fâba kharé n'da kinoï* » (la sœur de son père nous l'a donnée).

Le chœur : « *O dalla siguini* » (nous avons trop attendu).

La chanteuse : « *Khakha na kinoï* » (vous aussi, donnez-la nous).

Le chœur : « *O dalla siguini* » (nous avons trop attendu).

Les femmes du cortège *guimmâno*, après avoir chanté, se mélangent au cortège des *léguindâno* ; elles perdent à ce moment-là le qualificatif de *guimmâno*, pour prendre celui de *léguindâno*.

La jeune mariée sort alors de la case de sa mère avec ses demoiselles d'honneur. A ce moment-là, les jeunes filles présentes dans la cour chantent en chœur deux ou trois fois :

« *Sira djidi kin n'guiriwô,*
« *Mandi ka siga yakharé* »,
(Voilà la mariée qui va partir,
O femmes qui créons toujours un foyer ailleurs que chez nos pères !)

La mariée se place au centre du cortège ; une grande place libre est faite pour elle, ses demoiselles d'honneur et sa *khoussoumanta*, qui, seule, la conduira dans la case de son mari, comme on le verra tout à l'heure, et qui s'occupera d'elle pendant toute la nuit de noce.

Avant que le cortège s'ébranle, la mère de la jeune épouse lui fait ses adieux. Aussitôt, les griots tapent sur leurs tambours et le cortège se met en route, la jeune femme étant entourée de toutes les *léguindâno*, qui chanteront, jusqu'à l'arrivée devant la porte du mari, la chanson suivante :

Un groupe de chanteuses : « *Soussou rémé riwô, Gannéga sou rémé riwô.* »

Le chœur : « *Sanga fôfê.* »

Les chanteuses : « *Kêbê rémé riwô, kêbêdounkâma soïna rémé.* »

Le chœur : « *Sanga fôfê.* »

Les chanteuses : « *Soussou remé riwô, hâiré manna rémé.* »

Le chœur : « *Sanga fôfê.* »

(Voici la fille de Gané (ou de Makha, etc.) qui arrive ; il ne faut pas s'en servir comme d'un jouet. Voici la fille d'un tel qui arrive ; il ne faut pas s'en servir comme d'un jouet. Voici la fille du pays qui arrive ; ce n'est pas un jouet.)

Puis elles chantent :

« *Lîla khallou kâmâ liwô kooni n'thîra kigné koung-a,*
« *A ti n'ta kigné abadâ tamma n'fâba Biro M'Bâné Demba,*
« *Biro kou yimbou ng-a koumîni ;*
« *Kan niâkha doumbou kâmâ liwô kooni n'thîra kigné* [*koung-a,*
« *A ti n'ta kigné abadâ tammi n'fâba Biro M'Bâne Demba,*
« *Biro kou yimbou ng-a koumîni ;*
« *Dissa doumbou kâmâ liwô kooni n'thîra kigné koung-a,*
« *A ti n'ta kigné abadâ tammi n'fâba Biro M'Bané Demba,*
« *Biro kou yimbou ng-a koumîni ;*
« *Petti doumbou kâmâ liwô kooni n'thîra kigné koung-a,*
« *A ti n'ta kigné abadâ tammi n'fâda Biro M'Bané Demba,*
« *Biro kou yimbou ng-a koumîni ;*
« *Fayé binnou kâmâ liwô kooni n'thîra kigné koung-a,*
« *A ti n'ta kigné abadâ tammi n'fâba Biro M'Bané Demba,*
« *Biro kou yimbou ng-a koumîni ;*
« *Fèndéli binnou kâmâ liwô kooni n'thîra kigné koung-a,*
« *A ti n'ta kigné abadâ tammi n'fâba Biro M'Bané Demba,*
« *Biro kou yimbou ng-a koumîni ;*
« *Mokke doumbou kâmâ liwô kooni n'thîra kigné koung-a,*
« *A ti n'ta kigné abadâ tammi n'fâba Biro M'Bané Demba,*
« *Biro kou yimbou ng-a koumîni ;*
« *Khalissi khoullou kâmâ liwô kooni n'thîra kigné koung-a,*
« *A ti n'ta kigné abadâ tammi n'fâba Biro M'Bané Demba,*
« *Biro kou yimbou ng-a koumîni.* »

(Traduction approchée :

Couplets :

Viens, ô femme propriétaire de beaux pagnes noirs !
Viens, ô femme propriétaire de tant d'or pur !
Viens, ô femme propriétaire de l'écharpe bien teinte !

Viens, ô femme propriétaire de tant de vêtements !
Viens, ô femme propriétaire de tant de jolies choses !

Refrain :

Non, je ne viendrai pas tant que la lumière brillera chez mon père Biro M'Bané Demba, vous voyez bien que le feu chez lui est allumé.)

Devant la porte, le cortège s'arrête et il chante, en chœur, trois fois :

« *Khada ka ng-ougni,*
« *Ka goumé ng-a rôno.* »

(Oh ! ouvrez en grand les portes de la maison, voici la maîtresse de maison qui entre !)

Et en effet, à ce moment-là, la mariée entre avec son cortège.

Si, par hasard, le marié a déjà une autre femme légitime, celle-ci se trouve en habits de fête et couverte de bijoux, entourée de ses camarades, femmes mariées de son âge, également en habits de fête et parées, assise, devant la porte de sa case privée, sur la pierre qui lui sert à égrener le coton (ainsi le veut l'usage). En entendant la chanson qui précède, ses amies se lèvent et se dirigent vers la porte de la maison en chantant :

« *Kha gârana,*
« *Ka goumé ng-a yéré.* »

(Vous mentez en disant cela ! La maîtresse de maison est ici.)

Et, pour rire, elles font le simulacre d'empêcher la nouvelle mariée d'entrer dans la maison de son mari. Il s'ensuit une bousculade qui s'apaise au bout de quelques minutes.

La première femme et la deuxième (la nouvelle) ne se saluent pas.

La *khoussoumanta* prend alors possession de la nouvelle mariée et elle la conduit à la mère de son mari, qui se trouve devant sa case, assise sur une natte, les jambes étendues, et elle lui dit : « *A lemmé m'paye* » (voici ta fille).

La jeune mariée fait semblant de s'asseoir sur le giron de la mère de son mari ; celle-ci lui passe les bras autour du cou, l'embrasse, et lui souhaite la bienvenue en lui disant : « *Khéri na guémang-a* » (Je souhaite que tu trouves, ici, le bonheur). Cette scène si touchante est recommencée trois fois et, chaque fois, la vieille femme embrasse sa belle-fille et lui souhaite la bienvenue.

La *khoussoumanta* conduit alors la mariée dans la case du mari. Un cérémonial prévu par la coutume est observé encore de nos jours ; le voici : la *khoussoumanta* prend la jeune épouse par la main et la conduit dans le *kompé* (case) qui a été construit pour elle et où l'attend son mari. A la porte de cette case se tient le *goré* du mari, individu qui remplit auprès du marié le même rôle que la *khoussoumanta* auprès de la mariée.

Le mari, vêtu comme cela a déjà été dit, est dans la case, assis sur le *taba* (lit de mariage) ; la jeune épouse est conduite par la main, par sa *khoussoumanta*, jusqu'à son mari ; devant lui, elle fait trois génuflexions. La *khoussoumanta*, alors, met dans la main du mari celle de la jeune épousée, que celui-ci serre et lâche ; la *khoussoumanta* recommence une deuxième, puis une troisième fois ; cette dernière fois, le mari serre fort la main de la jeune vierge et la tire brusquement à lui, de façon à la faire tomber sur le lit. Il n'y a aucune lumière dans la case.

La *khoussoumanta* sort alors de la case, mais elle reste devant la porte, qu'elle a fermée, et devant laquelle se tient le *goré* du mari.

Les *léguindâno* (femmes composant le cortège qui a accompagné la jeune épouse à son mari) sont toujours dans la cour de la maison du mari. En voyant sortir seule la *khoussoumanta* de la case nuptiale, elles chantent en chœur :

« *Téressi tâkhan ka wô.*
« *Téressi méressi takhan ka wô,*
« *N'da agnimmé n'kara takhan ka wô,*
« *N'da kittou khosso takhan ka wô,*
« *N'da agnakho kara takhan ka wô.* »

(Jeune fille, quoi qu'il t'arrive, ne sors pas de ta chambre ! Jeune fille, quelle que soit la chose douloureuse, ne sors pas de ta chambre ! Même s'il te cassait la tête, ne sors pas de ta chambre ! Même s'il te cassait un bras, ne sors pas de ta chambre ! Même s'il te crevait un œil, ne sors pas de ta chambre ! Tu vas souffrir, mais ne sors pas de ta chambre !)

Cette chanson est répétée deux ou trois fois, puis les

chanteuses, en deux groupes, l'un s'adressant au mari et l'autre répondant à la place de celui-ci, chantent :

1er chœur (celui qui s'adresse au mari : « *N'khokhonâné nganta vouroundé tou,*

Manda lô donna voutté. »

(O mon jeune frère, pourquoi, ne sachant pas filer, demandes-tu aux gens de t'apporter leur coton en leur promettant de le leur rendre en fil ?)

2e chœur (celui qui répond pour le mari) : « *N'ta donna ng-outou fêtô n'niafè.* »

(Parce que, n'ayant pas de vêtements, je dois apprendre à filer.)

1er chœur : « *Fêto n'ganni anna rô kompé.* »

(Si tu n'as pas de vêtements, le mieux est de t'enfermer chez toi.)

2e chœur : « *N'nârô kompé yâgou n'niâfè.* »

(Si je restais enfermé chez moi, je serais un pauvre honteux.)

Après ces chansons, tout le monde quitte la cour de la maison du mari et va sur la place principale du village, où a lieu un grand « tam-tam » qui réunit toute la population du village. Les *niamakhalo* amusent tout le monde.

Ne restent dans la cour du mari que la *khoussoumanta* et le *goré*, qui se tiennent devant la porte de la case nuptiale.

Lorsque le mari a consommé le mariage, il sort de la case. Alors, le *goré* tire un coup de fusil. La *khoussoumanta* entre dans la case, s'entretient un moment avec la jeune femme, puis elle sort avec le *briga*, le pagne servant de drap de lit, qui est taché de sang, et elle le porte au « tam-tam », en dansant et en chantant : « *Okou dissa nkhoura dissa khoullé.* » (Notre écharpe neuve est une écharpe blanche, c'est-à-dire nous fait honneur.)

Tout le monde ragarde le pagne, examine le sang dont il est taché, des coups de fusil sont tirés, et l'on n'entend que ce cri poussé par tous : « *Okou dissa nkhoura dissa khoullé.* »

La *khoussoumanta* entre alors dans le cercle des danseurs et danse avec le *briga* à la main, en chantant :

« *Ké rémé mâmawô,*

« *Mâma ya ké rémé dâ.* »

(Nous remercions cette fille. A cette fille, nos remerciements.)

Jamais le *briga* ne sort de la case sans porter des taches de sang, même si la jeune fille n'était pas vierge. En cas d'accident antérieur, on a recours à des subterfuges en répandant sur le *briga*, le plus souvent, du sang de poulet.

Cette opération est faite soit par la *koussoumanta* seule, soit par elle et le mari. Mais il arrive rarement que le mari puisse s'apercevoir que sa jeune femme n'était pas vierge, car l'obscurité est totale dans la case. Quand il en sort pour prévenir que le mariage est consommé et procéder à sa toilette, la *khoussoumanta* entre dans la case et a tout le temps voulu pour répandre sur le pagne immaculé le sang non coagulé qu'elle porte, sous ses vêtements, dans une petite calebasse en forme de bouteille; ce sang, mélangé au suc aigre d'une plante, ne se coagule pas (renseignement fourni par une ancienne *khoussoumanta*). En outre, le *goré*, après avoir tiré le coup de fusil, va auprès du mari, et c'est la *khoussoumanta* qui, seule, porte la pagne au « tam-tam »; le subterfuge peut donc aussi se faire en cours de route ou dans une maison voisine; mais, à part la complicité de la mariée, ou de la mère de celle-ci, ou du mari, la *khoussoumanta* ne se fera aider de personne.

Très orgueilleux et vaniteux, les Sarakollé de condition libre du Guidimakha tiennent à ce que tous les subterfuges soient employés pour que leur orgueil, aux yeux de tous, soit sauf. A cet effet, il paraît que certains se munissent par précaution, avant l'arrivée de la mariée, de tout ce qui est nécessaire pour que le *briga* sorte maculé de sang.

La non virginité de la jeune épouse n'est pas une cause de dissolution du mariage, ni de la diminution de la dot, mais le mari qui a trouvé sa femme vierge la comble de cadeaux, la traite mieux et parfois ne prend une deuxième épouse que plusieurs années après. La femme venue vierge dans la maison de son mari a beaucoup d'autorité sur tout le monde; les indigènes disent aux femmes qui n'ont pas été trouvées vierges : « *Maka m'ba n'djimmou ma anké n'tangui amma da ampâba djikké ng-ouré* » (Les jeunes gens n'ont pas pêché ta virginité comme les marabouts (oiseaux) pêchent les poissons d'une rivière (1), pen-

(1) C'est-à-dire : ils n'ont pas éprouvé, pour te prendre ta virginité, autant de difficulté qu'en ont les marabouts à prendre les poissons dans la rivière.

dant que tes parents espéraient être honorés au jour de ton mariage.)

Celle à qui la virginité faisait défaut est honteuse ; le mari la regarde avec ironie, il lui fait peu de cadeaux, sachant qu'elle ne se plaindra pas. Un mot dit par le mari peut la couvrir de honte, elle et ses parents. Si la femme venait à se fâcher, le mari lui dirait à voix basse : « N'oublie pas que tu es venue chez moi en oubliant ta virginité chez ta mère », ou, encore, il esquissera un geste que tout le monde comprendra facilement, un clapement de langue, et sa femme n'osera pas répondre.

La *khoussoumanta* des jeunes mariées de condition libre est toujours une esclave, celle qui, à la maison, l'a vue naître, ou celle qu'elle aimait le plus, ou encore celle qui partageait ses jeux. En d'autres termes, c'est la servante de la famille qui s'est donnée tout particulièrement à la jeune fille dès son enfance ; c'est à elle que celle-ci faisait ses confidences les plus intimes, celle qui l'accompagnait, avant et pendant ses fiançailles, au village, au puits, dans les champs, etc. A l'heure actuelle, dans les familles, on sait, dès la naissance d'une fille, quelle sera sa *khoussoumanta*, et la jeune fille, en grandisasnt, suivant qu'elle aura ou n'aura pas la conscience tranquille, sera plus ou moins attachée à sa *khoussoumanta*, et sa générosité envers elle sera dosée en conséquence.

La *khoussoumanta* de la jeune fille de condition servile est, ou sa maîtresse, ou l'une des filles de sa maîtresse, le plus souvent, la maîtresse auprès de qui la mère de la servante a rempli déjà l'office de *khoussoumanta*. La mère de la servante étant la dépositaire du secret de sa première nuit de noces, la maîtresse prête la même discrétion à la fille de son ex-*khoussoumanta*.

Les *khoussoumanto* sont, ordinairement, des femmes mariées et d'un certain âge, mais l'emploi peut être tenu par une jeune fille.

Le *goré* est comme la *khoussoumanta* de l'homme.

La *khoussoumanta*, après avoir dansé avec le pagne *briga*, revient dans la maison du mari, se mettre à la disposition de la jeune mariée.

La nouvelle mariée (ces mots pris dans leur sens propre : jeune fille qui se marie pour la première fois), depuis la nuit de son mariage jusqu'à la fête de la *tabaski* qui suivra, ou jusqu'au jour où elle est certaine d'être enceinte (trois mois sans menstrues), prend le nom ou le qualificatif de *manio.*

La nouvelle mariée doit rester huit nuits et sept jours consécutifs dans la case nuptiale, sans en sortir, sous aucun prétexte ; cela s'appelle faire le *koyen kompé* (case d'une semaine). Entrée le jeudi soir, elle n'en sort que le vendredi matin de la semaine suivante.

Pendant toute la durée du *koyen kompé,* la jeune *manio* ne peut voir que son mari, sa *khoussoumanta* et, pendant les courtes absences de son mari, ses demoiselles d'honneur.

Aucun de ses parents ou parentes, même sa mère, ne peut aller la voir, ni lui parler du dehors.

Le mari, pendant toute la durée du *koyen kompé,* peut sortir de la case et même de la maison pour aller à la mosquée ou s'entretenir aves ses parents, mais il ne doit pas voir sa belle-mère ; il est tenu de tenir compagnie à sa jeune épouse du coucher au lever du soleil et de onze heures à quinze heures, et de se rendre à son appel si elle le fait demander.

Pendant toute la durée du *koyen kompé,* la *khoussoumanta* s'occupe seule de la jeune mariée ; elle la soigne, l'aide à se baigner, lui donne des conseils, lui indique les moyens à employer pour conserver l'amour de son mari. C'est la *khoussoumanta* qui lui prépare les tisanes tièdes qu'elle absorbe en abondance (*dji massanto*) et le *sombi* (sorte de soupe de mil pilé et bouilli dans de l'eau légèrement salée), qui est la seule nourriture de la *manio* pendant toute cette période. Ces tisanes tièdes et ce *sombi* ne sont pas très nourrissants, mais, vu leurs effets diurétiques, ils facilitent, dit-on, les rapports sexuels de la toute nouvelle mariée et de son mari.

Le *koyen kompé* cesse à la fin de la huitième nuit, le vendredi matin. A partir de ce moment, et tant qu'elle sera *manio,* la jeune mariée se couvrira le visage avec une voilette blanche appelée *diéré.*

Le vendredi, dès le petit jour, la *manio,* visage couvert, accompagnée de ses demoiselles d'honneur, va au puits laver le linge. Cela s'appelle *wankindé* (lavage). Au retour à la maison, le service des demoiselles d'honneur prenant fin, celles-ci rentrent chez elles après avoir reçu un cadeau du mari, cadeau qui varie suivant la générosité de celui-ci.

Le même matin, la *khoussoumanta,* si le marié a une autre épouse, porte l'oreiller et la couverture de celui-ci dans la case de la première femme. Si celle-ci aime la nouvelle épouse de son mari, ou si elle veut être en bons termes avec elle, elle renvoie la couverture et l'oreiller en disant : « Je permets à mon mari de rester une, deux ou trois autres semaines avec la *manio.* » Cela s'appelle : « *N'di ng-ourou n'tokho.* » Mais elle ne peut pas, de par la coutume, accorder davantage, le mari ne pouvant pas, lorsqu'il avait déjà une autre épouse, rester auprès de la nouvelle plus de quatre semaines de suite.

A la fin du *koyen kompé,* si le mari a une autre épouse et si celle-ci n'a pas déclaré le « *n'di ng-ourou n'tokho* », ou après celui-ci si la déclaration a été faite, le tour de cohabitation (*yonta*) avec le mari, durant vingt-quatre heures, se rétablit ; les vingt-quatre heures sont comptées d'un coucher du soleil à l'autre.

Le huitième jour (vendredi matin), la *khoussoumanta* cesse également son service auprès de la *manio* et rentre chez elle en emportant le cadeau que lui a fait le mari. L'importance de ce cadeau variera suivant que le mari a trouvé sa jeune femme vierge ou non.

Dès son retour du *wankindé,* qui marque la fin du *koyen kompé,* la jeune mariée peut circuler dans toute la maison de son mari et y recevoir la visite de ses parents et amis, mais elle ne pourra sortir en ville, ni enlever définitivement le voile qui cache sa figure à tout le monde, même à ses parents, que lorsqu'elle aura cessé d'être *manio,* c'est-à-dire à la *tabaski,* ou bien le jour où elle sera certaine d'être enceinte.

D'après la coutume, la nouvelle mariée, dès la fin du *koyen kompé,* et tant qu'elle est *manio,* ne peut montrer son visage à découvert qu'à son mari, lorsqu'ils sont en tête à tête dans l'intérieur de la case de la *manio.* De plus, l'usage ci-après a été introduit par les jeunes mariées (celles-ci sont, la plupart du temps, âgées de 15 à 20 ans). La *manio,* le premier jour qu'elle a mis le voile sur sa figure, refuse de le soulever dans l'intimité, malgré les prières de son mari, tant qu'il ne lui aura pas fait un cadeau. C'est un enfantillage auquel tous les maris se plient. D'abord, ils refusent de faire le cadeau, espérant que leur jeune femme se lassera et retirera d'elle-même le *diéré,* mais celle-ci tient bon et, pour empêcher le mari de le soulever, fixe sa voilette, déjà attachée au front par le haut, en dessous de son menton par deux cordelettes nouées derrière la nuque. Le mari accepte la plaisanterie de bonne grâce, n'use pas de son autorité, ni de sa force, et, au bout de vingt-quatre heures de résistance, il s'exécute et donne un présent ; celui-ci, suivant sa fortune, varie entre une chèvre et une vache. Une fois le cadeau reçu, la jeune femme enlève le lien de dessous du *diéré* : le mari, alors, peut le soulever chaque fois qu'il le désire.

Tant que la jeune mariée est *manio*, elle ne doit aucun travail à son mari, et personne ne peut la prier de prendre part à un travail quelconque, sauf ses jeunes frères et sœurs, s'ils sont mineurs. Ceux-ci, pour la taquiner, lui commandent de faire à la fois des choses qui ne peuvent pas se faire en même temps. En s'adressant à elle, ils disent : « Quel bonheur ! nous, qui ne pouvons pas commander aux serviteurs, nous avons une esclave obéissante ! » La *manio* doit leur obéir et ne pas se fâcher, mais, avec un sourire aigre-doux, elle les menace : « Attendez que je cesse d'être *manio* ! que d'oreilles je vais pouvoir tirer ! »

Dès sa sortie du *koyen kompé*, la jeune mariée prend la coiffure des femmes mariées décrite au paragraphe « Coiffure » et elle porte, pendant un an, aux oreilles et au front, les *bambôdjini* et le *mandiâré*. Le *bambôdjini* est un petit câble de fil de soie, coton ou laine rouge, que la jeune femme se passe dans le lobe de chaque oreille ; au bout de ce fil est enfilée, à chacune des extrémités, une grosse perle ronde noire, portant en son milieu un trait gris clair. Le *mandiâré* est un coquillage fixé au-dessus du front, à la naissance des cheveux, par deux fils attachés derrière la nuque ; c'est une amulette précieuse contre les *soughounio* (sorciers), qui empêcheraient la jeune femme de devenir enceinte.

A l'origine, les *bambôdjini* attiraient, par leur couleur rouge, les yeux du mari sur les lobes des oreilles de la jeune femme et lui montraient sans cesse qu'ils n'étaient pas garnis de boucles d'oreilles en or. Le mari, au bout d'un an de mariage, échangeait galamment les *bambôdjini* de sa *niakhé* (épouse) contre des boucles en or plus ou moins lourdes.

Lorsqu'elle cesse d'être *manio*, c'est avec satisfaction que la jeune femme enlève le voile qui lui a fatigué la vue, qui lui a tenu si chaud et qui, si elle est jolie, a caché sa beauté. Elle fait, ce jour-là, sa première sortie en ville, à visage découvert. Quelle aubaine si c'est le grand jour de fête de la *tabaski* ! Sa première visite est pour sa mère et ses parents.

A partir de ce jour-là, elle prépare à son tour les repas de son mari et elle prend part aux travaux de la maison. Elle ne connaîtra plus le repos jusqu'à sa mort. La femme sarakollé est une grande travailleuse, ne ménageant jamais sa peine.

2° *Futurs époux ne demeurant pas dans le même village*

La date du mariage et la dot sont fixées comme il a été dit plus haut, mais le père du jeune homme ne se rend pas dans le village de la jeune fille ; il s'y fait remplacer par un de ses parents habitant dans la localité ou par un notable de ce village ; à ce représentant se joint le *niamakhala* attaché à la famille du futur, qui a fait le voyage spécialement. Ce *niamakhala* est presque toujours un griot.

En même temps, on décide si le mariage proprement dit, comportant la cérémonie religieuse et la nuit de noces, aura lieu dans le village de la jeune mariée ou dans celui du marié ; les cérémonies, dans l'un et l'autre cas, sont distinctes.

A. Mariage et nuit de noce dans le village de la jeune mariée

Dans ce cas, la mère de la mariée fait prévenir, au moins un mois à l'avance, toutes les jeunes filles de son village et, en particulier, celles qui seront les demoiselles d'honneur de sa fille, les *niamakhalo* de la famille, la *khoussoumanta* et tous les parents et amis des deux sexes, que sa fille se mariera le vendredi, tant, de la lune X (nom du mois). « Mois » se dit « lune » en sarakollé (*khasso*).

Comme cela a été dit plus haut, le vendredi commence au coucher du soleil du jeudi.

De son côté, le futur marié a prévenu tout le monde dans son village, et, en particulier, ses *niamakhalo*, ses *niakha-lémou* (*niakha* veut dire « noce » et *lémou* « enfants », dans le sens de jeunes gens et jeunes filles non mariés) et les amis de sa famille qui l'accompagneront au village de sa future épouse le jour de son mariage, ainsi que son *goré*, ses parents et ses amis.

Dans les deux villages, les jeunes filles se préparent à la noce : elles mettent en ordre les beaux pagnes de fête, elles fourbissent les bracelets d'argent, elles font coudre de nouveaux « boubou », etc. Les jeunes gens, de leur côté, se font faire oes habits de fête neufs, font teindre fraîchement leur *dissa* (turban), se font faire des *moukkou* (pantoufles) bien jaunes, des bagues, etc.

Le jour du mariage arrive. Du jeudi matin au coucher du soleil, dans le village de la jeune fille, toute la cérémonie, déjà décrite au paragraphe « Fiancés demeurant dans le même village », se déroule. La future épouse revêt le costume de mariée, fait le *khoukhoupé*, entourée de ses demoiselles d'honneur ; les jeunes filles du village chantent dans les rues. Mais les demoiselles d'honneur, les filles, les femmes mariées et les femmes âgées du village ont davantage soigné leur toilette et leur coiffure, car, comme les jeunes filles du village du futur vont venir, il faut rivaliser avec elles, essayer de les surpasser, aux « tam-tam » qui vont avoir lieu, en élégance et en parures.

Le mari, après avoir choisi ses *niakha-lémou* dans son village et leur avoir fait toutes ses recommandations, part, accompagné de son *goré*, de façon à arriver au village de sa future le jeudi, au coucher du soleil : il ne fait pas de *khoukhoupé*.

Ses *niakha-lémou*, jeunes gens et jeunes filles (dont ses sœurs et ses cousines germaines), ne devront arriver au village de la jeune mariée que le lendemain, vendredi, vers huit heures ou neuf heures du matin, alors que le mariage religieux sera déjà fait et que la nuit de noces aura eu lieu.

Le futur marié, en arrivant dans le village de sa future épouse, au coucher du soleil, descend dans la maison de la *khoussoumanta* de sa future, où une case nuptiale a été préparée. Il arrive toujours à cheval. S'il n'en a pas, il en emprunte ou en loue un.

Rendu chez la *khoussoumanta*, le marié, sans voir personne, pénètre dans la case nuptiale, revêt le costume de marié et reste là avec son *goré*. Les jeunes gens du village, de son âge, viennent le voir et lui tiennent compagnie. Il prendra ses repas chez la *khoussoumanta*, où la mère de sa future lui enverra sa nourriture.

Après la prière, le mariage religieux a lieu à la mosquée, comme cela a déjà été expliqué plus haut, mais le père du jeune homme est remplacé par un notable du village, ou un parent demeurant dans ce village, ou par deux ou quatre amis intimes du jeune marié, qui sont chargés de remettre la dot au besoin.

Les chansons sont les mêmes que celles indiquées plus haut, et la cérémonie du mariage identique, jusqu'à l'exhibition du *briga*. La seule différence qu'il y ait, c'est que la mariée, cachée, est recherchée par les jeunes gens du village de la mariée et non pas par les garçons d'honneur du marié, et que la jeune épousée est conduite au mari, dans la case nuptiale préparée dans la maison de la *khoussoumanta*, sans que les sœurs et les cousines germaines du marié aillent la chercher.

Le lendemain matin (vendredi), vers huit heures, le marié laisse sa jeune femme entre les mains de la *khoussoumanta* et, vêtu de ses plus beaux habits, portant sur la tête un beau turban, il monte à cheval, accompagné de son *goré*, également à cheval, et, en habits de fête, il va au-devant de ses *niakha-lémou* qui vont arriver.

Pendant son absence, sauf la *khoussoumanta* et les demoiselles d'honneur, qui arrivent dès le lever du jour, personne ne peut rendre visite à la nouvelle mariée, même pas sa mère ; il en est ainsi pendant les huit jours du *koyen kompé*.

Aussitôt après le départ du mari, la mère de la mariée tue des moutons et fait préparer par ses serviteurs et les membres de sa famille, alliées ou obligés, un grand festin.

Le jeune marié, dès qu'il a rencontré le cortège de ses *niakha-lémou*, prend la tête et se dirige vers le village où il a laissé sa jeune femme, précédé par des griots et entouré de tous ses amis, tous en habits de fête et montés sur de beaux chevaux, bien harnachés ; les filles vont à pied, mais elles portent leurs plus beaux habits, bijoux, écharpes, etc.

Dès que le cortège est annoncé, la mère de la mariée envoie à quelque distance du village (100 ou 150 mètres), sous de grands arbres, des nattes, de l'eau et le festin qu'elle a préparé.

Le cortège arrive sous les arbres, fait honneur au festin, se rafraîchit, corrige sa toilette, puis, griots en tête, se dirige vers le village. Le mari, ses amis, son *goré* font caracoler leurs chevaux, font des fantasias, vont et viennent. Les jeunes filles chantent et battent des mains.

Ce cortège fait tout le tour du village, en passant par toutes les rues, puis se dirige sur la place principale, où sont réunis jeunes filles, jeunes gens, femmes et hommes du village, en vêtements de fête. Quel luxe de pagnes ! de bijoux d'or, d'argent ! d'écharpes ! Quel art dans les coiffures ! Comme les nouvelles arrivées regardent, examinent celles qui sont là pour les recevoir !

Arrivé sur la place du village, le cortège se disloque ; on échange des salutations, des paroles de bienvenue, etc. Puis, les nouveaux venus se rendent chez le ou les *niamakhalo* qui doivent les loger.

Les *niakha-lémou* du marié resteront trois ou quatre jours dans le village de la mariée et ils seront nourris par tout le village ; plusieurs familles, chaque jour, contribuent à cette réception.

Les après-midi sont employés à faire des visites ou à dormir et les nuits à danser. Jeunes filles et jeunes gens des deux villages font des prouesses pour dépasser, tant en élégance qu'en souplesse et harmonie dans les danses, ceux de l'autre village ; les griots font de même.

Le mari, lui, demeure avec sa jeune femme et son *goré* chez sa *khoussoumanta* ; dès le coucher du soleil jusqu'au matin, et de onze heures du matin à trois heures de l'après-midi, il tient compagnie à sa jeune femme, libérant ainsi les demoiselles d'honneur, qui dansent toute la nuit.

Les dépenses des « tam-tam » sont à la charge du père de la nouvelle mariée.

Normalement, c'est le troisième jour que les *niakha-lémou* du jeune marié doivent retourner dans leur village, mais le chef du village les retient à ses frais une journée encore. Les jeunes gens célibataires ont le droit également de les retenir, à leurs frais, bien entendu, mais pas plus de huit jours. Voici comment se fait cette invitation, qui s'appelle *bantandé* (retenir).

Le matin du jour fixé pour le départ, jeunes gens et jeunes filles se dirigent vers l'issue du village qui donne sur la route, mais, à cette issue, ils trouvent les jeunes gens célibataires du village qui leur barrent le chemin. L'un d'eux s'avance et leur dit : « Restez un jour de plus avec moi » ; les partants rentrent au village ; le jeune homme qui les a invités fait les frais de leur réception. Le lendemain, c'est un autre jeune homme, et ainsi pendant huit jours, mais pas davantage, la coutume l'interdisant.

Le jour du retour dans leur village des *niakha-lémou* du mari, tout le village de la mariée les accompagne. Les vieilles femmes vont jusqu'à l'issue du village, les femmes mariées vont à environ 100 mètres plus loin, les jeunes filles à 2 et 3 kilomètres, les jeunes gens à pied à 8 kilomètres, et les jeunes gens montés à cheval jusqu'à ce que le village du mari soit en vue.

Les *niakha-lémou,* rentrés chez eux, se dispersent ; ils ne se réuniront plus que le jour où la jeune mariée viendra dans leur village, chez son mari.

Le mari, lui, est obligé de rester huit jours, pendant toute la durée du *koyen kompé* de la jeune mariée.

Comme cela a déjà été dit, pendant toute la durée du *koyen kompé,* les demoiselles d'honneur tiennent compagnie à la jeune *manio* pendant l'absence du mari, et c'est la *khoussoumanta* qui s'occupe de la soigner et de la nourrir avec des tisanes tièdes et du *sombi.*

Le mari prend ses repas chez la *khoussoumanta,* mais c'est sa belle-mère qui les lui prépare et les lui envoie.

A la fin du *koyen kompé,* la nouvelle mariée va au *wankindé* voilée, mais, à son retour, elle prend possession chez sa mère de la case spéciale qui lui a été préparée ; elle pourra circuler dans la maison, mais voilée, et elle ne pourra pas sortir en ville tant qu'elle sera *manio.*

A partir de ce moment, malgré que la *manio* soit chez sa mère, c'est son mari qui pourvoit à son entretien ; il lui envoie, à cet effet, les vivres nécessaires.

Le mari, après avoir fait les cadeaux dont il a déjà été parlé aux demoiselles d'honneur et à la *khoussoumanta,* rentre dans son village avec son *goré,* mais, tant que la femme est chez sa mère et dans son village natal, il ira la voir chaque semaine ; ces visites s'appellent *wana goufé.* Sa femme le reçoit chez sa mère, dans la case qui lui a été réservée spécialement.

Au bout de trois mois, ou plus, sans pouvoir dépasser un an (la durée du séjour de la jeune mariée chez sa mère doit être fixé en même temps que le jour de la célébration du mariage), la jeune femme quitte son village pour se rendre chez son mari. C'est l'occasion d'une nouvelle cérémonie.

Suffisamment à l'avance, et d'accord avec le mari, la mère de la mariée prévient les jeunes filles du village, à quelque caste qu'elles appartiennent, du jour et de l'heure du départ de la mariée ; l'heure du départ est calculée de façon que la mariée arrive dans le village de son mari le soir, au coucher du soleil, n'importe quel jour de la semaine, mais, de préférence, un jeudi soir (début du jour dit *aldiouma,* vendredi).

Les jeunes filles qui décident d'accompagner la mariée

chez son mari préparent à nouveau leur coiffure, leurs vêtements de fête, bijoux, etc.

Le père de la femme, s'il n'a pas de parents directs dans le village du marié, prie un notable de ce village de le remplacer et de faire, en son lieu et place et à son compte, les frais de la cérémonie ; c'est ce parent ou ce notable qui recevra, dans sa maison, la jeune mariée et son cortège à leur arrivée dans le village du mari ; ce jour-là, il fait tuer un mouton et prépare de nombreux plats de couscous pour les voyageurs.

Le mari, de son côté, tue un mouton et fait faire le couscous dit *walima*, qu'il offrira à sa jeune femme et au cortège qui la lui conduira solennellement chez lui, après s'être reposé quelques heures chez le représentant du père de la mariée.

Le village du marié a été prévenu également du jour de l'arrivée de la mariée. Tous se préparent à la recevoir et à recevoir ceux qui ont si bien reçu chez eux leurs enfants lors du mariage. On refait les coiffures, les vêtements de fête sont sortis des paniers.

Enfin, le jour du départ de la mariée de son village arrive. Le père de la mariée fournit à sa fille une jument blanche (autant que possible), sur laquelle elle fait la route. La *khoussoumanta* accompagne la mariée et conduit par la bride la jument. Les demoiselles d'honneur, auxquelles se joignent d'autres jeunes filles du village, suivent, escortées des griots de la famille de la mariée et des domestiques, portant les corbeilles et calebasses contenant le trousseau de la mariée et les bagages de voyage de sa suite.

Au départ, tout le cortège est en habits de fête, bijoux étincelants aux bras. Sa mère dit « au revoir » à sa fille à la porte de sa maison et lui souhaite que le bonheur l'accompagne. Tout le village escorte le cortège loin sur la route, puis rentre. Alors, la mariée et sa suite enlèvent, en pleine brousse, leurs habits de fête, et les remplacent par de vieux vêtements qui n'ont rien à craindre ni du soleil ni de la poussière.

Si la mariée et son cortège féminin doivent traverser un ou plusieurs villages en cours de route, elles revêtent des vêtements plus élégants, mais non ceux qu'elles revêtiront à leur arrivée dans le village du marié. Si elles ont des parents dans les villages traversés, elles descendent chez eux, sinon elles demandent l'hospitalité au chef de village. Elles emportent avec elles des provisions de route, de façon à ne pas arriver trop déprimées au village du marié et à pouvoir bien danser. A un kilomètre du village du marié, la mariée et toute sa suite s'arrêtent et, en attendant le coucher du soleil, elles revêtent leurs plus beaux atours. Les domestiques vont chercher de l'eau au puits voisin. Des paniers, des calebasses, sortent les beaux pagnes teints, les « boubou » brodés, les écharpes, les bijoux. Puis, tout le monde étant prêt, le cortège s'ébranle dans l'ordre suivant.

Devant, les griots portant leurs tambours et leurs flûtes, les uns jouant, les autres chantant ; ensuite, entourant la mariée à cheval, les demoiselles d'honneur et, derrière celles-ci, les autres jeunes filles venues avec la mariée. Au milieu des demoiselles d'honneur, et tenant la jument par la bride, la *khoussoumanta* de la mariée. La mariée vient ensuite, sur la jument ; elle est richement parée, couverte de bijoux, mais elle a la figure voilée par un *diéré*, si elle est encore *manio*, et porte sur la tête une écharpe riche, appelée *mokko* ; si elle n'est plus *manio*, le *mokko* lui cache la figure ; elle porte à la main, comme un sceptre, une louche à très long manche ($0^{m},75$ au moins), faite d'une courge que l'on a fendue en deux morceaux dans toute sa longueur, dont elle se sert pour boire tout le long de la route. Tout à fait en arrière viennent les serviteurs, portant les corbeilles et les calebasses qui contiennent le trousseau de la mariée et les bagages de route de ses suivantes.

Lorsque le cortège arrive au village, toute la population féminine se porte au devant des arrivants en chantant et en poussant des cris ; puis les jeunes filles du village du marié se joignent aux demoiselles d'honneur, les jeunes gens les encadrent et le cortège, grossi, poursuit sa route en traversant tout le billage, jusqu'à la maison du représentant du père, qui sort à la porte de sa maison, aide la mariée à descendre de cheval et lui souhaite la bienvenue.

Le marié reste chez lui, dans la case qu'il a préparée pour sa femme et où celle-ci lui sera conduite à la nuit.

La mariée est conduite chez son mari avec le même cérémonial qui a été décrit au premier cas, mais ce sont les *guimmâno* du mari qui sont envoyés chercher sa femme et les demoiselles d'honneur qui remplissent le rôle des *léguindâno*.

Le soir, grand « tam-tam » aux frais du père du marié.

Bien entendu, pas d'exposition du *briga*, la femme étant mariée depuis plusieurs mois et le *briga* ayant été exposé dans son propre village.

Les jeunes filles du village de la mariée sont reçues trois jours par le village du mari, plus un jour par le chef. et jusqu'à huit jours par les célibataires, qui pourvoient à tous les frais de la réception pendant ces huit jours, lesquels ne peuvent pas être dépassés.

Une particularité qu'il est intéressant de signaler est celle-ci : lorsque les jeunes filles rentrent dans leur village après avoir conduit une mariée à son mari, si elles traversent d'autres villages en retournant au leur, les jeunes gens de ces localités peuvent les retenir pendant huit jours chez eux, mais, alors, les frais de « tam-tam » et de nourriture sont à leur charge uniquement ; le village n'y contribue pas.

B. Mariage et nuit de noce dans le village du mari

Tout se passe comme précédemment, mais les tantes maternelles de la future l'accompagnent. La jeune fille it le *khoukhoupé* en route. Elle descend chez le représentant de son père ; c'est là qu'elle revêtira le costume de noce et que les *guimmâno* du nouveau marié iront la chercher. Ce sont ses tantes maternelles qui lui tiennent lieu de mère. Les *guimmâno* du marié, et ses demoiselles d'honneur à elle, avec ses amies venues en même temps qu'elle, seront ses *léguindâno.*

Au mariage religieux, le père de la mariée est remplacé par un parent ou un notable, à qui est adjoint leur *niamakhala*, qui est d'habitude leur *diaré.*

Tous les frais de la noce sont aux frais du père du marié.

Remariage de la femme

La coutume faisant loi dit que la femme veuve, divorcée, ou répudiée, est libre de disposer de sa personne et qu'elle peut se fiancer et se marier sans le consentement de ses parents et même sans avoir besoin de les consulter préalablement. Mais, sauf de rares exceptions, la femme sarakollé, à quelque condition qu'elle appartienne, consultera toujours son père et sa mère ou, à leur défaut, son tuteur légal. Lorsqu'un homme lui demande directement sa main, elle l'adresse à son père. Si son père (ou son tuteur légal) ne veut pas du prétendant qu'elle a agréé, elle passe outre et lui accorde elle-même sa main. Tous les *modi* et tous les chefs de village prononceront alors son mariage.

Pendant ses fiançailles, elle reçoit son fiancé, s'entretient en particulier avec lui et elle peut même le recevoir dans sa maison ou dans sa case, chez son père. Elle reçoit directement les cadeaux que doit lui faire son fiancé et en dispose comme elle l'entend. La date du mariage et le montant de la dot sont fixés par elle, par l'entremise soit de son père ou de son tuteur légal, soit d'un *niamakhala*.

La cérémonie religieuse est exactement semblable aux précédentes, mais, si la jeune femme épouse un homme qui n'a pas l'agrément de son père à elle, celui-ci se fait remplacer par son frère, son fils aîné ou un cousin germain, ou, encore, par un notable. La cérémonie civile ne diffère de celle de la jeune fille que sur les points suivants :

a) Si la mariée épouse un homme déjà marié (soit marié présentement, soit veuf ou divorcé), aucun des futurs conjoints ne fait le *khoukhoupé* ; si le mari se marie pour la première fois, lui seul est astreint au *khoukhoupé* ;

b) La mariée ne revêt pas de costume de noce spécial ;

c) Il n'y a pas de demoiselles d'honneur ;

d) Les jeunes filles du village ne chantent pas dans les rues, ni devant la maison du marié, ni chez la mariée ;

e) La mariée n'est pas cachée ;

f) Les cortèges de *léguindâno* et de *guimmâno* sont composés de jeunes femmes mariées ;

g) La mariée fait son entrée dans la maison de son mari en habits de fête, la tête parée, couverte de bijoux et parfumée ;

h) Il n'y a pas de chansons lorsque la mariée pénètre dans la case de son mari ;

i) La mariée est accompagnée de sa *khoussoumanta*, la même qui l'assistait à son premier ou à ses précédents mariages, mais le travail de celle-ci est réduit : pas de *briga* à exposer, pas de tisanes, ni de *sombi* diurétique. Le mari aura aussi son *goré*, mais celui-ci ne tirera pas de coups de fusil lorsque le mari aura consommé le mariage.

j) La mariée ne fera que trois jours de *koyen kompé* ; elle en sortira donc, le dimanche matin, pour se rendre au *wankindé* ; sa *khoussoumanta* la quitte ce jour-là.

k) Si le mari a une autre épouse, le tour de cohabitation pendant vingt-quatre heures entre les épouses sera établi, à moins que la première femme n'autorise son mari à rester auprès de sa nouvelle épouse trois, six ou neuf autres jours, mais il ne pourra pas rester plus de douze jours consécutifs auprès d'elle.

Empêchements au mariage

Depuis que les Sarakollé sont islamisés, les empêchements au mariage sont à peu près ceux du droit musulman :

1° Un homme ne peut épouser une femme mariée, ni une femme en état de retraite légale, ou *edda*.

2° Si un homme a déjà quatre épouses vivantes et non répudiées, il ne peut pas en épouser une cinquième.

Avant d'être musulmans, les Sarakollé pouvaient épouser autant de femmes qu'ils pouvaient en nourrir ; la légende dit que Gané Kamara avait onze femmes. A l'heure actuelle, un homme riche qui possède quatre femmes vivantes en répudie une pour en épouser une cinquième.

3° Un homme ne peut pas épouser pour la troisième fois une femme définitivement répudiée deux fois, à moins que cette femme répudiée ait contracté, avec un autre homme, une nouvelle union et que cette union ait été rompue.

Contrairement à ce qui se produit chez les autres peuples musulmans, les Sarakollé peuvent épouser une deuxième fois une femme définitivement répudiée sans que celle-ci ait contracté, après la première répudiation définitive, une nouvelle union avec un autre homme, rompue ensuite, mais ce deuxième mariage est distinct du premier et il donne lieu au paiement d'une deuxième dot, la première ayant été acquise définitivement à la femme répudiée ;

4° Bien entendu, on ne peut épouser ni sa mère, ni son père, ni sa sœur, ni son frère, ni ses tantes ou oncles, ni ses nièces ou neveux ; les Sarakollé peuvent épouser leurs cousines germaines et, dans les familles dites nobles, la plupart des mariages se font entre cousins germains.

5° On ne peut épouser sa nourrice, ni sa fille, ni la sœur de sa nourrice, ni sa sœur de lait.

6° Un homme ne peut jamais épouser la sœur de sa femme du vivant de celle-ci ; c'est-à-dire qu'il ne peut pas, comme font les Maures, répudier sa femme pour épouser la sœur de celle-ci.

A ces empêchements, il faut ajouter celui résultant d'une différence de condition sociale.

Effets du mariage quant aux personnes

A. Cohabitation

La polygamie étant la règle générale dans le pays, chaque femme a sa case (*kompé*) dans la maison du mari. Le mari n'a pas de case ; il demeure vingt-quatre heures chez la femme dont c'est le tour de cohabiter avec lui. Les vingt-quatre heures sont comptées d'un coucher du soleil à un autre ; c'est la femme dont le tour vient de s'achever qui porte à celle dont le tour commence la couverture et l'oreiller du mari. La malle du mari est dans la case de la première femme. Le tour de roulement est scrupuleusement observé, même si la femme dont c'est le tour était souffrante ; une femme délaissée longtemps a le droit de demander le divorce, comme nous le verrons plus loin.

La femme est obligée de demeurer au logis conjugal ; elle ne peut en sortir, même pour aller faire ses visites dans le village, sans l'autorisation du mari.

La coutume punit de coups de corde la femme qui abandonnerait le domicile conjugal ou qui refuserait de le réintégrer si elle l'avait quitté momentanément avec l'autorisation de son mari ; elle serait frappée chaque jour jusqu'à ce qu'elle y rentrât ; dans le cas où elle quitterait le domicile conjugal pour suivre un autre homme, elle commettrait le délit d'adultère, réprimé comme nous le verrons plus loin.

L'homme dont la femme a quitté le domicile conjugal peut obtenir le divorce ; celui-ci serait rendu contre la femme.

Le mari, de son côté, doit passer les nuits chez lui, dans sa maison, à moins qu'il ne soit en voyage ou auprès de l'un de ses parents malades.

B. Entretien de la femme par le mari

C'est le mari qui nourrit sa femme ; tous les matins, la femme qui a cohabité avec le mari pendant la nuit va demander à la première femme de lui donner le mil de la journée et le sel ; la première femme, qui a les clefs du grenier du mari, donne la quantité nécessaire en mil (*illé*), maïs (*makka*) ou haricots (*mollé*), et le sel (*sappé*) ; elle donne également une certaine quantité de feuilles de baobab (*taghaé*), dont les domestiques du mari ont fait une ample provision.

Le mari doit à sa femme, pour sa nourriture journalière, un *moud* de mil, ou de maïs, ou de haricots (3 kilogr. environ) et une petite poignée de sel, mais, en réalité, il ne donne qu'un *moud* pour deux personnes. Il ne donne de viande (*tié*) que de temps en temps, à peu près une fois par semaine, dans les familles aisées, et une fois par mois dans les autres, et du poisson sec (*talâké*) à peu près deux fois par semaine ; dans les villages situés au bord du fleuve, les femmes échangent auprès des pêcheurs (*bâporé*) une partie du mil donné par leur mari contre du poisson frais (*wandoné*).

Lorsqu'un mari n'a qu'une femme, celle-ci garde la clef du grenier du mari et y puise la quantité de grain nécessaire aux besoins de chaque jour de la maison ; la femme sarakollé est honnête, économe et prévoyante ; le mari peut, en toute confiance, lui laisser la gérance de la réserve.

Mais souvent, lorsqu'un individu a plusieurs femmes, la distribution des vivres du matin est une source d'ennuis pour lui ; alors, ou il garde lui-même la clef de ses greniers, ou il la remet à sa sœur ou à l'un de ses serviteurs.

Comme nous l'avons vu plus haut, la femme sarakollé cultive pour elle, aidée de ses filles non mariées et des filles non mariées de ses servantes ; elle s'adonne à la culture du mil, du riz, du coton et de l'indigo ; le produit de ces cultures est emmagasiné dans ses greniers privés ; elle en fait profiter son mari, mais avec économie et prévoyance, car, si son mari la répudie, il faut, si elle n'a pas de parents, et si elle n'est pas enceinte, ou n'a pas d'enfants en bas âge, qu'elle pourvoie à sa nourriture dès son départ du domicile conjugal.

Les vendredis et les jours de fête, le riz qui se consomme dans chaque famille est fourni gratuitement au mari et à toute la maison par l'épouse dont c'est le tour de partager la couche conjugale ; mais le mari ne peut l'exiger, la coutume prévoyant que c'est le mari qui doit nourrir sa femme tant qu'elle est chez lui. Quelques maris généreux donnent des animaux à leurs femmes en échange du riz.

Si le mari possède des chèvres, des brebis, ou des vaches, le lait de ces animaux sert à l'alimentation de la maison ; s'il en a beaucoup et que la quantité de lait fournie soit supérieure aux besoins de la maison, le surplus du lait est vendu au bénéfice du mari ou échangé contre du grain au bénéfice du grenier du mari.

L'homme qui répudie sa femme ou qui divorce d'avec elle ne lui doit la nourriture, hors de chez lui, que dans les cas suivants et dans les quantités fixées ci-après :

1° Si la femme est enceinte ou nourrit un enfant au moment où il s'est séparé d'elle, un moud de mil et une petite poignée de sel ;

2° Si la femme a des enfants en bas âge, et jusqu'à ce qu'ils aient atteint 13 ans (l'âge de travailler), un quart de moud par jour et par enfant, bien entendu seulement si les enfants sont laissés entre les mains de la femme.

Si la femme a des enfants appartenant à son mari et à elle, âgés de 13 ans, ou plus, la coutume prévoit que, ces enfants étant en âge de travailler, et leur travail profitant à la mère, ils paient leur nourriture.

La coutume prévoit en outre que :

1° Si un homme ne nourrissait pas sa femme, soit par avarice ou autre cause, il serait mis en demeure de le faire et de lui payer la nourriture qu'il ne lui aurait pas donnée ; en cas de récidive, la femme pourrait obtenir le divorce ;

2° Un homme partant en voyage doit laisser à sa femme la nourriture à laquelle elle a droit pendant toute la durée de son absence. Si son absence se prolongeait, et si les vivres laissés à sa femme étaient épuisés, et que les greniers du mari ne continssent aucune réserve, sa femme aurait le droit de rentrer chez ses parents ou de se nourrir avec le grain qui lui appartient. A son retour, le mari rembourserait à la femme la totalité de la nourriture non fournie, calculée à raison d'un *moud* de mil par jour pour la femme et un quart de *moud* par enfant âgé de moins de 13 ans. S'il refusait de s'acquitter de cette dette, il y serait contraint et la femme pourrait même obtenir le divorce en sa faveur ;

3° Une femme non nourrie par son mari en voyage pendant plus d'un an (douze lunes et un jour) peut obtenir le divorce en sa faveur, mais, auparavant, les notables enverront au mari un avis lui fixant un délai ; si, au bout du délai, le mari n'a pas répondu, ou si le commissionnaire ne l'a pas trouvé, le divorce est prononcé en faveur de la femme. A son retour, le mari n'a aucun recours contre sa femme.

Le mari en voyage doit, en effet, la nourriture à sa femme soit en nature, soit en argent.

Si le mari a laissé des bestiaux, la femme dont les vivres sont épuisés doit se servir du lait de ceux-ci ou de leurs produits pour sa nourriture à elle et pour celle de ses enfants ; en cas de nécessité, elle peut vendre les animaux, eux-mêmes, mais elle doit faire constater le cas de force majeure par deux notables au moins.

Dans le pays, le lait a exactement la même valeur que le grain (mil, maïs, riz), c'est-à-dire qu'une calebasse de lait est échangée contre une calebasse de mil ; la marque laissée par le lait dans la calebasse de couleur noire sert de mesure : on doit mettre du grain jusqu'à cette marque.

La femme absente irrégulièrement du domicile conjugal n'a pas droit à la nourriture.

La femme qui va accoucher chez sa mère, tant que dure son absence du domicile conjugal, même après la naissance de son enfant, n'est pas nourrie par son mari ; elle doit être nourrie par sa mère.

Le mari qui a épousé une femme étrangère à son village et qui, après la cérémonie du mariage, qui a eu lieu dans le village de la femme, la laisse trois mois de plus chez sa mère, lui doit la nourriture pendant tout le temps qu'elle restera chez sa mère avec son consentement à lui ; si elle prolongeait son séjour sans le consentement de son mari, celui-ci ne lui devrait aucune nourriture.

C. Habillement de la femme

D'après la coutume, le mari ne doit pas l'habillement à sa femme ; mais il doit faire pour elle des plantations de coton et les entretenir. Le coton sera récolté par la femme, qui l'égrènera, le cardera et le filera. Ce sont les serviteurs du mari qui tisseront les étoffes destinées à la confection des vêtements. Si le mari n'avait pas de serviteurs, c'est lui qui paierait le tisserand employé par sa femme.

Le surplus du coton peut être vendu par la femme, qui achète, avec sa valeur, des cotonnades d'importation pour la fabrication des « boubou » et des camisoles.

Les soieries, lainages et dentelles, dont les femmes se servent pour leurs vêtements de fête, sont achetés par la femme avec le produit de ses cultures.

La femme doit donner à son mari, le lendemain de son mariage, un « boubou » et un *dissa* et, tous les ans, une couverture en coton.

C'est également la femme qui habille les enfants : les garçons jusqu'à la circoncision, et les filles jusqu'à leur mariage.

Les garçons, à partir de la circoncision, cultivant pour leur père, doivent être habillés par lui.

C'est le mari qui taille et coud les vêtements ; il peut se faire aider par des gens qui ont des connaissances spéciales, mais c'est lui qui tire l'aiguille.

D. TRAVAIL DE LA FEMME

D'après la coutume, la femme doit faire la cuisine de son mari elle-même, aller chercher son eau, piler son grain, balayer la case, la véranda et les abords de la porte de son habitation. Les servantes l'aident.

La nourriture des enfants et la garde de ceux-ci sont assurées également par la mère, aidée de ses servantes.

La femme ne cultive pas pour son mari. Sur les champs du mari travaillent ses fils (après la circoncision), ses serviteurs personnels des deux sexes et les enfants de ceux-ci (les filles après leur majorité et les garçons après la circoncision).

La femme cultive du mil, du riz, des arachides, du coton (si la quantité cultivée par le mari n'est pas suffisante, ou si le mari est décédé, ou si elle n'en a pas pour toute autre cause), de l'indigo. Elle est aidée dans ses cultures par ses filles, ses servantes à elle et leurs enfants. Le produit de ces cultures est pour elle.

Les vêtements de toute la famille sont teints par la femme elle-même, aidée de ses filles et de ses domestiques.

E. Fidélité réciproque des époux

La coutume est très sévère sur ce point. Les époux, dit-elle, se doivent réciproquement fidélité. Autrefois, l'adultère était considéré comme un crime et puni de la peine de mort. Aujourd'hui, hommes et femmes le pratiquent fréquemment, suscitant des inconvénients de nature à troubler gravement la paix des villages. D'après les indigènes, l'adultère se pratiquerait davantage depuis l'occupation française, parce que nous avons remplacé la peine de mort par des peines de prison peu sévères.

La coutume faisant loi générale dans le pays réprimait l'adultère, suivant le cas, des peines ci-après :

1° *Adultère commis par une femme mariée avec un célibataire* :

a) L'homme recevait 100 coups de corde sur la place publique ;

b) La femme était décapitée avec un *kaffa* (sabre) ;

2° *Adultère commis par une femme mariée avec un homme marié* (marié présentement, veuf ou divorcé) :

a) La femme et l'homme adultères recevaient 40 coups de corde ;

b) La femme et l'homme auraient la tête tranchée avec un *kaffa* ;

3° *Adultère commis par un homme marié avec une jeune fille mineure ou majeure non consentante* :

L'homme marié, ayant commis deux crimes, l'adultère et le viol, était condamné :

a) A payer la dot de la fille au taux maximum ; estimée par trois notables, cette dot était prise sur ses biens ;

b) Une fois la dot payée, à avoir la tête tranchée avec un *kaffa*.

La jeune fille, elle, n'était pas considérée comme coupable.

4° *Adultère d'un homme marié avec une jeune fille majeure, non mariée, consentante* :

a) La fille recevait 50 coups de corde ;

b) L'homme ne payait pas de dot ;

c) L'homme avait la tête tranchée avec un *kaffa* ;

5o *Adultère d'une femme noble, en possession de mari, avec un homme de caste inférieure, célibataire ou marié, ou un esclave lui appartenant ou non* :

a) Tous les deux recevaient 40 coups de corde ;

b) Ils étaient décapités ensuite ;

6o *Adultère d'un homme libre avec une femme mariée de caste inférieure, ou une esclave mariée lui appartenant ou non* :

Tous les deux étaient décapités.

Dans les différentc cas qui précèdent, la peine de coups de corde était infligée séance tenante, mais les autres peines, surtout la peine de mort, ne pouvaient être prononcées que par le *tounka.*

Tout homme et toute femme condamnés à avoir la tête tranchée pour adultère pouvaient racheter leur tête en payant au *tounka* 100 pièces de guinée chacun. La pièce de guinée valait de 6 à 9 francs.

Jusqu'à complet paiement des 100 pièces, les condamnés étaient mis aux fers et travaillaient pour le *tounka.*

La femme adultère condamnée à mort qui avait racheté sa vie était remise à son mari, qui la conservait chez lui jusqu'à complet remboursement de la dot reçue, et elle rentrait ensuite, divorcée, chez elle, où son père la traitait comme une servante tant qu'elle n'avait pas trouvé un nouveau mari.

Mais il était absolument interdit à la femme adultère d'épouser son amant ; s'ils se mariaient ensemble, ils étaient arrêtés, mis aux fers dans des villages différents, de un à dix mois ; s'ils recommençaient à cohabiter après leur libération, ils étaient remis aux fers pour une durée de temps double, ou triple, etc., suivant qu'ils avaient récidivé deux, trois fois, ou davantage.

Bien entendu, le mari, une fois que sa femme adultère avait racheté sa vie et qu'elle lui était remise, pouvait lui pardonner et la garder ; mais, dans ce cas, la femme ne lui remboursait pas la dot reçue ; si le mari restait à lui devoir quelque chose sur cette dot, il n'avait pas à s'en acquitter envers elle, la coutume prévoyant que le dommage subi par le mari était supérieur à la dot la plus élevée.

Dans le cas où la femme adultère, graciée par le *tounka,* après avoir payé les 100 pièces de guinée, répudiée ou non par son mari, venait à accoucher, les notables du village (au moins trois) comptaient les jours écoulés depuis l'adultère jusqu'au jour de la naissance de l'enfant et, si le nombre de jours était 265, l'enfant était déclaré appartenir à l'amant.

L'homme marié qui avait des relations intimes avec une esclave lui appartenant, jeune fille ou femme non mariée, ne commettait pas l'adultère ; cette esclave devenait sa concubine, mais, si de leurs relations naissait un enfant, celui-ci libérait sa mère ; si l'esclave appartenait à quelqu'un, le père de l'enfant était obligé de payer au propriétaire le prix de l'esclave.

F. Devoirs des époux envers leurs enfants

La mère est chargée de la garde des enfants depuis leur naissance jusqu'à l'âge de raison ; elle doit les surveiller, les faire manger, les laver, les soigner, les coucher.

A partir de l'âge de raison, le père instruit et éduque les garçons jusqu'à leur majorité, et, la mère, les filles jusqu'à leur mariage.

La mère fournit les vêtements à tous les enfants, aux garçons jusqu'à leur circoncision, et aux filles jusqu'à leur mariage.

A partir de la circoncision, c'est le père qui habille les garçons.

Les époux doivent donner le bon exemple à leurs enfants.

Le père est responsable des délits ou crimes commis par ses garçons mineurs.

Le père et la mère sont responsables solidairement des délits et crimes commis par leurs filles jusqu'à leur mariage.

Le père doit la nourriture à tous ses enfants pendant toute sa vie.

Le père et la mère doivent aide et protection aux garçons jusqu'à leur majorité, aux filles jusqu'à leur mariage.

G. Devoirs des enfants envers leurs parents (père et mère)

Les enfants doivent à leurs parents :

1° Obéissance absolue, les garçons jusqu'à leur majorité, les filles jusqu'à leur mariage ;

2° Respect pendant toute leur vie.

3º Les garçons, à partir de la circoncision, et tant qu'ils vivront chez leur père, quel que soit leur âge, doivent travailler pour lui.

De la circoncision à la majorité, ils cultivent déjà des petits champs appelés *tékhori*, dont les produits servent à payer leur nourriture et leurs vêtements.

La fille doit travailler pour sa mère de l'âge de 13 ans à son mariage ;

4º Les enfants majeurs doivent à leur père et à leur mère, tant qu'ils vivent, aide et protection.

Effets du mariage quant aux biens

La communauté n'existe pas entre les époux sarakollé ; les biens du mari et de la femme appartiennent à chacun d'eux et ils les administrent séparément.

Comme on l'a vu plus haut, la femme est propriétaire de sa dot ; elle peut en disposer à son gré ; cette dot, la plupart du temps, est payée en bestiaux, dont les produits appartiennent définitivement à la femme. D'habitude, elle vend le lait, le beurre, les veaux, et achète, avec le produit de cette vente, de l'or, de l'argent, qu'elle fait transformer en bijoux pour elle et ses filles ; elle achète également des bestiaux.

Mais la coutume prévoit que la femme propriétaire de chèvres ou brebis n'est pas propriétaire des produits mâles et que ceux-ci appartiennent aux besoins alimentaires de la maison, par conséquent au mari, qui les fait égorger au cours des diverses fêtes pour lesquelles on prescrit le sacrifice de moutons (naissance, imposition du nom, circoncision), ou qui s'en sert pour approvisionner la maison en viande fraîche à la réception d'hôtes de passage. Le mari ne peut pas les vendre pour satisfaire ses besoins privés.

Les produits des autres animaux (juments, ânesses, vaches) appartiennent à la femme ; elle peut en disposer à son gré et son mari n'a pas le droit de s'immiscer dans ses affaires. Si la femme venait à perdre la raison, ou administrait mal sa fortune personnelle, le mari pourrait demander au tribunal que la liberté de gérance lui soit retirée, mais, dans ce cas, les biens seraient remis au père de la femme ou à son tuteur légal, jamais au mari.

La femme est également propriétaire de tout ce qu'elle

a apporté chez son mari au moment de son mariage et de tout ce qu'elle peut recevoir après son mariage, par héritage, cadeaux ou acquisitions.

De même, le produit de ses récoltes lui appartient complètement.

Dissolution du mariage

La dissolution du mariage peut se produire de trois façons :

1° Par décès de l'un des conjoints ;

2° Par répudiation ;

3° Par divorce.

1° Décès de l'un des conjoints

a) *Décès du mari.* — La femme et ses enfants héritent de lui, comme on le verra plus loin à « l'héritage ».

La femme conserve avec elle ceux de ses enfants qui tettent encore ; ceux qui ne tettent plus, dit la coutume, peuvent être exigés par le tuteur légal, et la mère doit les rendre, mais la coutume conseille de laisser ses enfants à la mère si elle en est digne : les garçons jusqu'à l'âge de raison, les filles jusqu'à leur mariage. Mais, même si la mère en est digne, le tuteur a toujours le droit de reprendre les enfants dès qu'ils ne tettent plus.

A la mort du père, le tuteur légal qui ne prend pas les enfants séance tenante, parce qu'ils sont trop jeunes ou qu'il désire les laisser à la mère, doit remettre à celle-ci une vache par enfant pour leur nourriture et leur entretien. Cette vache (*sougoundi na*) est estimée à sept pièces de guinée de 6 francs l'une ; son lait est destiné à la nourriture des jeunes enfants, soit en étant consommé en nature, soit en étant échangé contre du mil, le surplus servant à l'habillement des mineurs. C'est, en quelque sorte, un forfait avec la mère qui, en échange, se trouve engagée à nourrir et vêtir ses enfants. Lorsque les enfants seront repris par leur tuteur légal, la *sougoundi na* restera propriété de la mère.

Si le tuteur légal avait momentanément laissé les enfants entre les mains de leur mère et n'avait pas remis la *sougoundi na*, lorsqu'il voudrait les prendre avec lui, il devrait, au préalable, en acquitter la valeur. Autrement, les enfants ne lui seraient pas remis.

Mais si le mari, à sa mort, a laissé des biens dont ont hérité ses enfants et que ces biens soient restés entre les mains de la mère, elle s'en sert pour nourrir et vêtir ses enfants jusqu'au moment où ils lui sont repris. Dans ce cas, au moment où ses enfants la quittent, le tuteur ne lui doit rien.

Si les biens laissés par son mari étaient insuffisants, la mère le ferait constater par deux notables au moins et, au moment de la remise des enfants, le tuteur légal lui rembourserait la somme représentant la différence.

Si, le père étant décédé alors que le plus jeune des enfants a 13 ans, ceux-ci restent avec leur mère, comme ils travaillent et que le produit de ce travail profite à la mère, qui s'en sert pour les entretenir, lorsqu'on lui reprendra ses enfants, elle ne sera pas fondée à réclamer la *sougoundi na* (vache d'allaitement).

La veuve doit observer, avant de se remarier, la retraite légale de quatre mois et dix jours. Si la veuve est enceinte lors du décès de son mari, ou si la grossesse se révèle pendant la retraite légale, elle devra attendre l'accouchement pour se remarier, afin d'éviter le mélange de sang.

La veuve sarakollé, noble ou non, porte le deuil de son mari pendant toute la durée de la retraite légale. Elle ne porte pas alors de vêtement spécial, mais elle revêt de vieux habits, et ne peut porter ni bijoux, ni parure ; sa coiffure est défaite et ses cheveux sont simplement tressés et recouverts d'un long voile qui les cache, ainsi qu'une partie de son visage. Pendant huit jours, elle ne peut pas quitter sa maison ; ensuite, elle peut vaquer à ses occupations dans le village et même rendre des visites, mais elle ne peut assister à aucun « tam-tam », ni à aucune réjouissance publique, et ne doit prononcer le nom d'aucun homme, à moins que ce ne soit celui de l'un de ses parents.

La femme sarakollé, pendant les quarante jours qui suivent le décès de son mari, doit, chaque soir, au coucher du soleil, faire une aumône, consistant en une calebasse de couscous ou de lait qui est distribué aux pauvres.

b) *Décès de la femme.* — Le mari et les enfants héritent.

La coutume n'empêche pas le mari de se remarier aussitôt après le décès de sa femme, mais, dans toutes les catégories sociales, même celle des *komo*, l'homme ne se remarie généralement pas avant quatre mois et, tous les soirs, pendant quarante jours, il fait une aumône aux pauvres du village, clôturant cette période par le sacrifice d'un mouton, qu'il leur distribue également.

A la mort de leur père ou de leur mère, les enfants ne portent aucun signe apparent de deuil, mais, pendant huit jours, ils sont obligés de rester au logis et de ne prendre part à aucun « tam-tam ».

2° Répudiation (warandé)

Il y a deux sortes de répudiation, la *dagga ndangara* et le *ndakharam,* suivant que le mari se sépare de la femme répudiée en bons ou en mauvais termes.

Dans le premier cas, il peut se séparer de sa femme pour les raisons suivantes :

a) Parce qu'ayant quatre femmes et désirant en épouser une autre, il répudie la moins aimée, mais contre laquelle il n'a aucune animosité ;

b) Parce qu'il a cessé d'aimer sa femme, mais n'a aucun grief à formuler contre elle ;

c) Ou encore parce qu'il ne peut avoir d'enfants avec elle.

Cette répudiation n'est pas irrévocable. La femme répudiée ne pouvant pas se remarier tout de suite, et devant observer la retraite légale (quatre mois et dix jours), le mari peut, si les délais de retraite légale ne sont pas écoulés, reprendre sa femme en lui disant : « *N'da antia gandi* » (je te reprends), et la femme est obligée, de par la coutume, de revenir chez son mari. Le mari peut prononcer deux fois la répudiation et la reprise, mais la troisième répudiation est irrévocable. De même, si les délais de retraite légale sont échus, le mari ne peut prononcer le « *N'da antia gandi* », la répudiation étant accomplie.

Dans le deuxième cas, le *ndakharam* (mot dont le sens est : « Si je couche avec toi, je fais un péché », ce qui veut dire : « Je commets un inceste, car tu es ou ma mère ou ma sœur »), la répudiation est définitive, mais à la condition que le mot *ndakharam* ait été dit par le mari en présence de deux témoins hommes ou quatre témoins femmes au moins. Ne peuvent pas servir de témoins les parents ni les domestiques de la femme ; ceux du mari le peuvent.

La femme répudiée conserve sa dot, si celle-ci lui a été intégralement payée ; dans le cas contraire, elle devient créancière immédiate de son mari et, si celui-ci venait à décéder sans s'être acquitté de cette dette, celle-ci primant toutes les autres et même les droits des héritiers, elle serait prélevée la première avant le partage de la succession.

La garde des enfants est réglée par les mêmes coutumes que nous avons vues au paragraphe « Décés du mari » ; le tuteur légal est le père et c'est lui qui doit donner à la femme, pour l'entretien des enfants qu'il lui laisse, la *sougoundi na*, séance tenante ou lorsqu'il reprend ses enfants.

3° Divorce

Il y a deux sortes de divorces : le divorce *doungahi mourié* et le *fatahé* ; le premier, dont le nom veut dire « demande le consentement », se fait à l'amiable et est provoqué par la femme. Il arrive parfois qu'une femme, se rendant compte qu'elle n'est pas aimée par son mari, ou qu'il lui répugne physiquement, ou parce qu'elle se figure, à tort ou à raison, que son mari ne peut pas la rendre mère, propose à son époux de lui accorder sa liberté moyennant le remboursement du douaire dit dot ; c'est, en quelque sorte, le divorce par consentement mutuel. Mais, souvent, le mari ne finit par consentir à ce que sa femme rachète sa liberté qu'en exigeant une vache en plus du montant de la dot. L'acceptation du mari doit être formulée en présence de deux témoins au moins, qui ne peuvent être parents ni serviteurs de la femme, mais peuvent être alliés ou domestiques du mari, et l'intégralité de la dot et du surplus, s'il existe, doit être remboursée au mari avant que la femme ne se remarie.

C'est presque toujours la dot du second mariage, payée d'avance par le prétendant, qui sert à rembourser la dot du premier mariage.

Le *fatahé* est le divorce judiciaire. Les hommes y ont recours rarement, les femmes trop souvent. Les raisons les plus fréquentes qui poussent l'homme à demander le divorce contre la femme sont :

a) La *mara mbabakho*, ou désobéissance constante de

la femme (refus de préparer la cuisine, fréquentation des gens qui ne plaisent pas au mari, etc.) ;

b) le *soutahé gabé* (abandon du domicile conjugal) ;

c) Le *sounkandé* (adultère) ;

d) L'*ouroudou nguilak* (fait de sortir de la maison du mari, la nuit, et sans sa permission) ;

e) La *sara kayindé* (insulte au mari et à ses parents) ;

f) Le *sakha mballa* (refus d'accomplir le devoir conjugal) ;

g) La *yaghri bouanda* (dissipation des biens du mari) ;

h) La *mékhenté* (malpropreté de la femme) ;

i) La *yakharé cheïtâno*, ou *gadiala* (querelle avec le mari, les voisins ou les gens du village).

Si le divorce est prononcé contre la femme, celle-ci doit rembourser à son mari :

a) Tous les cadeaux qu'elle en a reçus pendant ses fiançailles ;

b) Les sommes qu'elle a déjà reçues sur sa dot, ou l'intégralité de cette dot si elle a été payée complètement.

La femme, elle, peut demander et obtenir le divorce contre son mari :

a) Si son mari refuse de la nourrir ou s'il l'abandonne pendant plus d'un an (douze lunes et un jour) sans lui donner la nourriture à laquelle elle a droit ;

b) Si son mari, s'étant absenté sans lui laisser de nourriture, refusait, à son retour, de lui rembourser la nourriture à laquelle elle avait droit et qu'il ne lui a pas fournie ;

c) Si son mari n'observe pas scrupuleusement le *yonta* (tour de cohabitation de vingt-quatre heures) entre ses épouses, mais seulement dans le cas où, une plainte ayant été déposée, il récidiverait ;

d) S'il ne paye pas la dot aux délais fixés ;

e) Si le mari, étant bien portant, s'est abstenu du devoir conjugal ;

f) Si le mari a prononcé des injures graves contre sa femme ou les parents de celle-ci ;

g) Si le mari a commis l'adultère ;

h) Si le mari a violenté sa femme pour se livrer sur elle à des actes contre nature (ces actes, commis par le mari sur sa femme, avec son consentement, ne sont pas répréhensibles) ;

i) Si le mari se livre à la pédérastie.

Si la femme obtenait le divorce, elle n'aurait rien à rembourser à son mari : ni les cadeaux de fiançailles, ni le douaire. D'autre part, si le mari ne s'est pas acquitté complètement de la dot, la femme devient créancière immédiate de son mari et, si celui-ci venait à décéder sans s'être acquitté de cette dette, celle-ci, primant toutes les autres, et même les droits des héritiers, elle serait prélevée la première avant le partage de la succession.

La garde des enfants est réglée toujours par les mêmes coutumes que nous avons vues en parlant du décès du mari et de la répudiation, les enfants appartenant toujours au mari, même lorsque le divorce est prononcé contre lui.

Maladies

Pendant ses maladies, le Sarakollé est soigné par sa mère, à son défaut par ses tantes, à leur défaut par sa première femme, aidée des autres.

Dès que la maladie paraît grave, le malade, si c'est un homme marié, est transporté dans la case de sa première femme ; si c'est un célibataire, dans la case de sa mère.

Si la malade est une femme mariée, son mari l'autorise à aller se faire soigner chez sa mère, ou il prie celle-ci ou les tantes de sa femme de venir la soigner chez lui ; il pourvoit à leur entretien.

Dès que quelqu'un est gravement malade, on prévient aussitôt son père, sa mère, ses frères et sœurs, ses oncles et ses tantes qui, même demeurant dans un autre village que celui du malade, se dérangent et viennent le voir ; si l'état du malade faisait craindre une issue fatale, ils resteraient auprès de lui.

Il n'y a pas, chez les Sarakollé du Guidimakha, d'individus se livrant uniquement à l'exercice de la médecine ; il n'y a pas de *diaranda* (guérisseurs) professionnels.

Ceux qui savent soigner telle ou telle maladie sont connus et les malades vont les consulter, se font soigner par eux ou les mandent auprès d'eux. Du reste, dans presque tous les villages, il y a des particuliers qui disent savoir traiter toutes les maladies. Ces *diaranda* bénévoles, dont quelques-uns, favorisés par la chance, ont acquis la réputation de savoir guérir, n'ont fait aucune étude ; ils soignent une, deux ou trois maladies d'après des procédés secrets que leur a transmis leur père, lequel les détenait du sien.

Les principales maladies que soignaient ces *diaranda*, avant que Sélibaby eût été pourvu d'une infirmerie, sont les suivantes :

la cataracte (*khourouro*),
la hernie (*diollé*),
les colliques (*noukhoudou koutou*),
le tœnia (*diolé sâranté*),
l'ophtalmie (*yakhoni*),
le mal de tête (*yîma kara*),
le rhume de cerveau (*moula*),
la bronchite (*moula khoré*),
la syphilis (*bambara sô*),
la blennorrhagie (*yougou n'natté* ou *togomano*),
l'impuissance virile (*lampouyé*),
la variole (*badâné*),
les rhumatismes (*karando*),
la pelade (*khâba*),
le mal aux dents (*kambé*),
le mal d'oreille (*târou solé*),
la gale (*koti*),
le mal de reins (*khôdo*),
le point de côté (*fontio pé*),
les blessures (*yoguiyé*),
les fractures (*khossoyou*),
les foulures (*moulou khoudiéyé*),
les enflures (*fanké*),
les maladies de foie (*kherdoufa*),
les maladies de la rate (*damolé*),
les hémorroïdes (*tokotoké*),
la dysenterie (*tokotoké*) (1),
l'évanouissement (*khitiyou*),
les vertiges (*tirou*),
la constipation (*noukhou kawayé*),
le ver de Guinée (*séguérémé*),
les bubons (*khiri-khiré*),
les piqûres de serpent (*katchinta khignindé*),

(1) Dès qu'un individu voit du sang dans ses selles, on dit qu'il a le *otkotoké*, et, que le sang provienne de l'intestin ou de l'anus, on applique le même traitement au malade.

les piqûres de scorpions (*nianto mbouroundi*),
la maladie du sommeil (*khinkô*),
les palpitations de cœur (*boutoura nkoutoundé*),
les saignements de nez (*goûbi yé*),
le mal de gorge (*khan salahé*),
les étranglements, par arête de poisson ou autre corps étranger (*khotté*),
les abcès (*solombi*),
la fièvre (*khadié*),
les panaris (*doromé*).

Les *diaranda* ont leurs médicaments avec eux : racines de plantes, feuilles, graines pilées, etc., et savent le secret des mots qu'il faut prononcer pendant la préparation des potions. Les principales plantes dont les feuilles, racines ou écorces pilées sont employées, sont : le *diagabinda*, le *silé*, le *tinkô*, le *nouroumé*, le *kolodio*, le *fanto*, le *dérou*, le *kinkiliba* ; le piment, le sucre, le miel, la poudre noire dite kohl, etc., sont très employés également en médecine indigène.

Les *diaranda* sont des deux sexes, suivant le sexe du malade.

Les *diaranda*, pour les petites maladies, ne se font pas payer, mais le malade guéri leur fait toujours un cadeau (ordinairement quatre bandes de coton de $0^{m},20$ de large et 4 coudées de longueur chacune).

Pour les maladies nécessitant un long traitement, le malade s'entend avec le *diaranda* ; une fois l'entente conclue, le client donne un cinquième du prix fixé le jour où commence le traitement, et le reste à la guérison.

Si le malade ne guérit pas, ou meurt, le *diaranda* ne perçoit rien.

Ce sont les femmes des forgerons qui soignent les femmes qui souffrent de *louéni* (mal d'enfant).

La folie (*wâkhé*), l'épilepsie (*yimmakho*) et la lèpre (*saafi*) étant des maladies mystérieuses occasionnées par les *cheïtanou* (diables) et les *djinani* (génies), ce sont les *modini* (marabouts) qui les soignent, à l'aide de formules ou de prières qui ont le don d'exorciser les malades. Ceux-ci, s'ils sont jeunes, sont mis en pension chez eux, et, alors, il faut que la famille envoie tout ce qui est nécessaire à leur entretien, ou bien le *modi* se rend chez le malade, si c'est une grande personne. Le salaire du *modi* est fixé et payé d'avance.

Mais les Sarakollé délaissent, de plus en plus, leurs *diaranda* et leurs *modini* et s'adressent à l'infirmerie de Sélibaby, ayant reconnu les propriétés curatives de nos médicaments ; ceux qui sont atteints de maladies graves, s'ils sont transportables, se rendent dans les hôpitaux des villes (Kayes, Dakar), la réputation si méritée de science et de dévouement des médecins français étant parvenue jusqu'à eux. Les Sarakollés voyagent beaucoup, séjournent à Dakar, ont été soignés à l'hôpital de cette ville qui a la réputation d'être la maison où l'on va avec la maladie et d'où l'on est certain de sortir guéri ; des malades nombreux, chaque année, malgré la distance, s'y rendent pour se faire soigner à leurs frais. Ils ont une confiance illimitée dans nos chirurgiens, qu'ils admirent, et dont la réputation a été surtout faite par les anciens soldats, ceux qui ont fait la guerre et qui, blessés sur le champ de bataille, ont été ramassés, soignés avec tant d'abnégation et guéris par notre admirable corps médical.

Mais, vu le manque de médecins français et malgré le dévouement des fonctionnaires non médecins et des infirmiers indigènes, dans les villages éloignés, les *diaranda* et les *modini* continuent à exercer, inoffensivement, c'est vrai (les médicaments qu'ils administrent n'étant pas dangereux), mais sans guérir non plus. La syphilis fait des progrès terrifiants.

La mortalité infantile est très grande, et le nombre des aveugles et de ceux qui ont des poumons délabrés très élevé.

Décès, funérailles, deuil

Aussitôt que le décès est survenu, toutes les femmes de la maison se lamentent et pleurent ; puis la famille du défunt est prévenue ; ces lamentations durent une heure.

Immédiatement après le décès, le *modi* attaché à la famille du défunt a été appelé. C'est lui qui lave le corps, si c'est un homme ; si c'est une femme qui est morte, c'est à la femme du *modi* qu'incombe ce devoir. Pour être lavé, le corps est sorti de la case où il reposait et transporté à l'endroit où se lavent d'habitude les gens de la maison. On creuse un peu le sol, on y met des bois sur lesquels on couche le corps sur le dos. Le *modi* reste à côté, en prières, jusqu'à ce que les femmes lui apportent de l'eau chaude. Quand il l'a reçue, tout le monde s'écarte, et restent seuls près du corps : le *modi* (ou sa femme, suivant le sexe du défunt), assisté d'un parent (ou d'une parente) du mort, son fils (ou sa fille). Le *modi* procède alors au lavage rituel, celui qui est fait avant la prière. Tandis que le parent verse l'eau sur le corps en commençant par la partie comprise des genoux au nombril (*djibourou*), le *modi*, muni d'une sorte d'éponge faite de fibres d'écorce d'arbres, frotte le cadavre légèrement ; ensuite sont lavés les deux mains, la bouche, le nez, la figure, le bras droit jusqu'au coude, le bras gauche jusqu'au coude, la tête, les oreilles. Ce lavage correspond aux ablutions faites avant la prière et porte le nom de *salli dji*. Si le défunt est une femme, on la décoiffe complètement et on la recoiffe en faisant trois tresses commençant par derrière la tête et que l'on ramène en avant ; la femme du marabout de la famille lave alors le pied droit jusqu'à la cheville, puis le pied gauche jusqu'à la cheville également.

Le *salli dji* terminé, on procède au lavage de propreté. Le cadavre, couché sur le côté gauche, est lavé depuis la tempe jusqu'au talon ; on le tourne alors sur le côté droit et on le lave de même ; cette opération porte le nom de *djanaba* (lavage des côtés). Une fois cela fait, on le couche sur le dos et on le lave depuis le front jusqu'aux pieds ; on le retourne alors complètement, à plat ventre, et on le lave également de la tête aux pieds.

Le *djanaba* est recommencé scrupuleusement trois fois, sans omettre aucune partie du corps, mais, la dernière fois, l'eau est mélangée avec des feuilles de jujubier (*fadéré*) et des racines de chiendent (*diguitié*), pour parfumer le corps ; le corps ne peut pas être parfumé avec des extraits aux odeurs quelconques ; il ne peut entrer dans la composition du mélange que des produits d'arbres (encens, clous de girofle, etc.).

Le corps ainsi préparé est couché sur son linceul (*kassanké*), constitué par une pièce d'étoffe en coton, tissée dans le pays, ayant de sept à neuf bandes de large de 20 centimètres chacune et de 5 à 6 coudées de longueur.

On apporte alors au *modi* du coton que l'on a parfumé avec de l'encens ; on en fait des tampons que l'on place sur la bouche, dans les narines, dans les oreilles, sur les yeux, sous les aisselles, sur le nombril, dans les jointures des bras, entre les doigts des mains et des pieds, aux jarrets, etc., en un mot, dans toutes les jointures; également entre les fesses, et, par devant, entre les jambes, de façon à cacher complètement le sexe. On met au cadavre un petit pagne autour des reins pour le protéger par devant et par derrière, et un petit « boubou » qui lui cache la poitrine et le dos. Les hommes ont sur la tête un turban, les femmes un voile qui leur cache le visage.

Après cette toilette, le mort est placé sur son linceul, sur le dos, les bras allongés, les paumes des mains appuyées sur les cuisses, les jambes allongées, les pieds joints, les gros orteils des deux pieds se touchant par les côtés. On rabat alors les bords du *kassanké* et on le coud assez serré pour que le corps ne puisse plus se déplacer.

Toutes ces opérations durent à peu près deux à trois heures. Le mort, mis à ce moment sur un brancard fait de branchages, est prêt à être transporté au lieu de l'inhumation, où sa fosse a été préparée pendant ce temps.

Dès que le *modi*, en effet, a commencé le lavage du corps, les frères et les parents du défunt, à qui se joignent volontairement ses amis et ses cousins, se sont rendus au cimetière du village et y ont creusé la fosse (*fourounkoumé*), qui est orientée Nord-Sud; ceux qui la creusent s'appellent *fourou-koutio-khano*.

Une fois le corps sur le brancard, les femmes recommencent les lamentations, qui avaient cessé pendant le travail du marabout. Sur le brancard, et recouvrant le tout, on met un pagne obligatoirement blanc. Six personnes soulèvent le brancard, qui sort de la maison par la porte habituelle, et le cortège s'ébranle dans l'ordre suivant : en tête, marche le marabout, *almami* (imâm) de la *missidé* (mosquée) du village ou du quartier qu'habitait le défunt; ensuite est porté le corps, la tête en avant; à droite et à gauche du brancard marchent tous ceux qui veulent et qui, s'ils étaient amis du mort, demandent à porter le brancard, ne serait-ce qu'une minute, pour l'honorer; en outre, celui qui porte le brancard — si peu que ce soit — bénéficie d'indulgences. Derrière suit la famille, les femmes se lamentant bruyamment; mais elles ne vont que jusqu'à la sortie du village et retournent ensuite chez elles, où les lamentations continuent jusqu'à la nuit.

Une fois arrivé au cimetière, le corps, soulevé du brancard, est posé à terre près de la fosse, la tête au Sud, les pieds au Nord, et le *modi* fait les prières des morts (*fourountchiali*). Il se tourne vers l'Est, ayant devant lui le cadavre et se mettant en face du milieu du corps si c'est un homme, à la hauteur de la poitrine si c'est une femme. Les parents et les assistants se mettent derrière le marabout, face à l'Est, sur trois rangs, comme pour la prière faite par plusieurs individus en même temps. Cette prière ne comporte pas de génuflexions, le *modi* lève seulement et baisse la tête quatre fois ; à la fin de la prière, le *salâm alékoum* est dit tout doucement, à voix basse et traînante.

On prend alors le corps pour le descendre dans la fosse ; si c'est une femme, le corps ne peut être pris que par son père, ses frères, ses enfants, ses frères de lait ou son mari ; si c'est un homme, par n'importe qui de l'assistance ; tous les amis présents aident, du reste, sans y être invités.

Le corps, cousu dans le linceul, est descendu dans la fosse à force de bras et placé dans le fond, couché sur le côté droit, face à l'Est, qui est la direction de La Mecque.

La fosse a, comme profondeur, la taille de la personne qu'elle doit recevoir, le fond, sur une hauteur de 50 centimètres, étant juste de la largeur du cadavre, la partie supérieure plus large ; le corps reposant dans le fond, on appuie sur cette sorte de banquette des bois transversaux sur lesquels on met une natte, et on recouvre de terre. Lorsque, la fosse étant comblée, on atteint le niveau du sol, on dispose de grosses pierres les unes à côté des autres, de manière à former un grand cercle dont le diamètre a la taille du défunt. On peut se rendre compte très facilement, par les dimensions du cercle, si c'est un enfant ou un adulte qui se trouve ainsi inhumé. Ce cercle est recouvert de branchages, coupés aux arbres épineux voisins, pour empêcher les fauves de venir chercher à déterrer le cadavre. L'inhumation est alors terminée, et tout le monde retourne à la maison du défunt.

Un *komo-khassé* y rapporte le pagne blanc ayant servi à couvrir le corps sur le brancard ; il est mis sur la toiture de la case où est mort le défunt. En entrant dans la maison, le *modi* qui a fait l'enterrement, *almami* de la mosquée du village, dit à haute voix : « Donnez le dîner du mort ! » (*fouri niakhamé*) ; on lui apporte alors une calebasse renfermant un *moud* de mil non pilé ; on la place devant lui et tous ceux qui ont assisté à l'enterrement se mettent autour de lui, comme s'ils allaient puiser à la calebasse. Le *modi*, à ce moment, face à la calebasse, qui est placée dans la direction de l'Est, fait la prière. Celle-ci terminée, il donne le mil au marabout de la famille qui a lavé le corps. Tout le monde se sépare alors, et chacun rentre chez soi.

Dès que le décès est survenu, la nouvelle est annoncée aux membres de la famille habitant les autres villages de la façon suivante : des parents, des amis ou simplement des voisins du défunt, disposant chacun d'un cheval, se rendent aussitôt dans chaque direction, un au Nord, un au Sud, un à l'Est et un à l'Ouest. Chacun de ces courriers porte le nom de *khitinda*. Arrivé à un village, il n'y entre pas, mais annonce la fatale nouvelle au premier individu qu'il aperçoit, sans descendre de sa monture. Il s'éloigne aussitôt le plus vite qu'il peut pour rentrer au village du défunt, la croyance générale étant que, s'il entendait les lamentations qui éclatent aussitôt dans le village qu'il vient de prévenir ainsi, ou si quelqu'un de ce village, venu pour faire des condoléances, arrivait dans le village du mort avant lui, il mourrait dans l'année.

Chacun des villages ainsi prévenus fait transmettre la nouvelle de la même façon aux villages situés aux quatre points cardinaux, et ainsi de suite. Très vite, la nouvelle se répand, et, aussitôt qu'ils ont appris le décès, tous les parents, leurs alliés, leurs amis, vont faire au village leurs condoléances. Il y en a qui viennent même de Tombouctou, tant cette coutume est respectée. Tous les villages du pays doivent y être représentés, et un ou deux individus sont délégués à cet effet ; il y a ainsi des condoléances qui durent pendant un an.

Les condoléances sont faites aux parents directs (père, mère, frères, sœurs, femmes, fils, filles). Les sœurs, les tantes maternelles et les cousines germaines du défunt quittent leur maison, ou leur village si elles habitent un village différent, et viennent demeurer pendant huit jours dans la maison du décédé, dont la famille pourvoit à leur nourriture. Ce sont elles qui sont chargées de recevoir les gens qui vont venir faire les condoléances et de tenir compagnie aux personnes qui ont perdu un être cher.

Le troisième jour après la mort, le pagne étendu sur la toiture de la case où a eu lieu le décès est enlevé et lavé par le *niamakhala* ou le *komo-khassé* qui l'y avait placé. Ce jour-là, les parents du défunt habitant sa maison font une aumône ; à cet effet, ils donnent de cinq à sept *moud* de mil, que le *modi, almami* de la mosquée, bénit par des prières et qu'il donne à piler à un *niamakhala* ou à un *komo-khassé*. Une fois le grain pilé, la famille fait un plat de couscous appelé *sôssé*, mélange de farine de mil et de lait.

Le lait qui entre dans sa préparation a été envoyé à la maison du défunt par tous les membres de la famille; c'est la totalité du lait de leurs animaux trait la veille. Cette cuisine est faite au milieu de la cour de la maison et non pas dans la case où l'on prépare habituellement les aliments.

Vers deux heures de l'après-midi, le *modi* de la mosquée vient dans la maison; on lui apporte le *sôssé*, qu'il distribue en cinq calebasses, le pagne qui a été lavé, ainsi que tous les vêtements qui ont été portés par le défunt la veille de sa maladie et pendant toute la durée de sa maladie, même s'ils sont à l'état de neuf et qu'il ne les ait touchés qu'une seule fois.

Le *modi almami* fait les prières pour bénir le *sôssé*; tous les assistants, les gens de la maison ainsi que ceux qui, étant venus faire des condoléances, sont présents, font les répons.

Après la prière, le *modi almami* partage le couscous mélangé au lait (*sôssé*) entre lui et les autres marabouts du village. Il ne laisse rien pour les habitants de la maison, ni les autres assistants, et il donne le pagne et tous les vêtements du défunt au *modi* de la famille (celui qui a lavé le corps, si c'était un homme) ou à la femme de celui-ci (si c'était une femme et que ce soit elle qui ait lavé le corps).

Si le défunt était marié, ses frères donneraient à chacune des veuves un pagne blanc fait de sept bandes de coton de $0^{m},20$ de large et de trois coudées de long chacune et une bande de coton blanc de $0^{m},20$ de large et de deux coudées de long.

Le *modi almami* apporte de chez lui, pour chacune des veuves, des amulettes constituées par des versets du Coran écrits sur du papier. Il les attache par une ficelle de coton à un petit morceau d'une tige de l'arbre appelé *séghéné*, qui a la propriété de faire fuir le diable.

Chaque veuve fixe un de ces talismans autour de son cou et un au poignet droit par un fil de coton.

Elle met le pagne que lui ont donné les frères de leur mari, à même sur la peau, attaché autour des reins; sur ce pagne blanc, elle met un autre pagne plus grand, lui appartenant, teint en couleur bleu clair (*bakha*).

La bande de coton (*nafâdé*) placée sur la tête en frontal est attachée derrière la tête, les extrémités pendantes en arrière. Les veuves portent de plus, sur la tête, un voile long appelé *faïlli*, qui cache complètement les cheveux et une partie du visage, étant attaché au-dessous du menton.

Toute la famille reste sans sortir de la maison durant huit jours et, pendant ce temps, tout le village, si le défunt était un notable, ou tout le quartie, dans le cas contraire ou si c'est dans une agglomération très importante, garde le deuil ; aucun « tam-tam », aucune réjouissance ne peut avoir lieu, aucun mariage ne peut être prononcé. Si c'était le chef du village qui soit décédé, ou un notable particulièrement considéré, même les fêtes de la fin du Ramadan ou de la Tabaski, si elles tombaient pendant la période de deuil, se passeraient sans « tam-tam » ; le repas aurait lieu, mais il n'y aurait pas de réjouissance publique.

Au bout de huit jours, le deuil est terminé, la famille se sépare, chacun regagne sa maison ou son village.

Toutefois, les alliés et amis éloignés viennent encore pendant longtemps pour faire leurs condoléances ; dès leur arrivée à l'entrée du village du défunt, les femmes commencent leurs lamentations, qui durent jusqu'à leur arrivée à la maison mortuaire ; elles y pénètrent et leurs cris s'arrêtent aussitôt.

Une pareille affluence occasionne de grands frais aux membres de la famille, qui doivent pourvoir à la nourriture de tout le monde ; aussi, les frères du défunt, ses gendres, ses amis intimes amènent-ils avec eux des moutons, pour aider à recevoir tous ceux qui viennent faire des condoléances.

Héritage

Avant l'islamisation des Soninko, les biens appartenaient à la famille uniquement, et le chef de famille en était le *khérsé* (administrateur). Ces biens étaient acquis par tous en guerroyant, c'était le butin pris à l'ennemi vaincu, le bétail et les captifs du plus faible dont s'emparait le plus fort au hasard de la lutte pour la vie.

Ce butin était partagé entre toutes les familles dont les membres avaient pris part à l'expédition.

Dans ce temps-là, les Soninko n'étaient pas cultivateurs, ils étaient guerriers, et « guerrier » voulait dire « pillard ».

A la mort du *khérsé*, les biens de la famille n'étaient pas partagés entre ses membres ; c'était le frère cadet du défunt (aîné des frères survivants) qui les administrait et, à la mort de celui-ci, l'autre frère, et ainsi de suite jusqu'à l'extinction des frères.

Le chef de famille était alors l'aîné des cousins germains, etc.

Lorsqu'ils se fixèrent, les biens furent constitués par les produits de cet ancien butin.

Petit à petit, ils devinrent cultivateurs; les enfants défrichèrent les terrains dont le père s'était rendu propriétaire par suite de première occupation, ils cultivèrent pour lui et la règle observée pour les troupeaux fut observée pour les terrains : le chef de la famille devenait le chef de la terre ; à sa mort, l'aîné de ses frères ou de ses fils le remplaçait, puis l'aîné des cousins germains, etc.

L'Islamisme vint modifier cet état de choses.

Les familles s'étaient considérablement accrues, les guerres avaient pris fin, la victoire restant toujours aux Hassân ou Maures. Les familles se séparèrent, les biens furent partagés, et les Soninko adoptèrent, pour ce partage, les règles de la loi musulmane.

Les héritages, actuellement, sont partagés entre les héritiers d'après les prescriptions du code malékite, mais seulement en ce qui concerne les biens proprement dits, ou biens meubles : argent, bijoux, or, bétail, etc. Pour les terres de culture, afin d'en éviter le morcellement, ils ont continué à appliquer la coutume ancienne, en la modifiant légèrement. La modification qui y a été apportée est la suivante : les terres se fatiguant, la famille augmentant, chaque fils, petit-fils, etc., défriche à son tour un nouveau terrain, et il devient sur cette terre, qu'il a défrichée avec l'aide de ses enfants, chef de terrain à son tour. En outre, la coutume prévoit également à présent que, dans le cas où des frères, après la mort du chef du terrain, ne s'entendraient pas, le terrain serait partagé en parties égales entre tous les frères consanguins ; si l'un de ceux-ci était décédé en laissant des enfants mâles, le fils aîné du frère défunt remplacerait son père décédé. Par exemple : A, B, C et D sont quatre frères qui ont hérité un terrain de leur père X ; A, étant l'aîné, devient le chef du terrain ; mais, s'il ne s'entendait pas avec ses frères, le terrain serait divisé en parties égales entre les quatre frères et si, avant le partage, le frère C décédait laissant deux fils, C^1, et C^2, C^1 remplacerait, au partage, son père C.

Mais les fils de A, de B et de D n'ont pas le droit, du vivant de leur père, de demander le partage du terrain ; s'ils ne s'entendaient pas avec leur père, leurs oncles ou leurs cousins germains, ils s'en iraient ailleurs et perdraient, de ce fait, tous leurs droits sur les terrains, s'ils n'avaient pas cultivé avec les autres pendant une saison des pluies.

Le cas le plus habituel, en ce moment, c'est qu'à la mort du père, les fils se partagent les terrains, mais ils cultivent toujours ensemble ; le partage réel ne s'opère qu'entre groupes de cousins germains, à la mort de leur oncle.

En matière d'héritage de biens meubles (argent, or, bétail, etc.), la femme sarakollé hérite, à présent, de son père, de sa mère, de son mari, de ses enfants et, dans tous les cas prévus par le code malékite, de ses grands-pères et grand'mères paternels et maternels, de ses frères et sœurs, etc.

De leur côté, ses enfants, son mari et, dans tous les cas prévus, son père, sa mère, ses cousins, etc., héritent d'elle.

Mais, la femme ne peut jamais hériter d'une terre : ses enfants mâles y ont des droits, mais non pas ses filles, ni elle-même.

Voici un exemple :

Sidi Kamara décède en laissant trois fils mariés : A, B et C, sa veuve D, et deux filles non mariées E et F.

A a deux enfants mâles : A^1 et A^2, célibataires, et deux filles, A^3 et A^4, non mariées.

B a deux filles, B^1 et B^2, non mariées.

C a deux enfants mâles, C^1 et C^2, célibataires.

Sidi Kamara n'avait ni père, ni mère, ni frère, ni cousin germain. A sa mort, sa fortune comprend :

Argent liquide	2.000	fr.
Moutons : 200, estimés...........	2.000	—
Anes : 10, estimés................	1.500	—
Juments : 2, estimées............	2.000	—
Vaches : 20, estimées.............	3.000	—
Total	10.500	fr.

plus un champ de mil situé à Koumba-Ndao, sur un terrain dit *khakhandou-téni*.

Comment sera partagé l'héritage? De la façon suivante :

a) Pour les biens de la succession proprement dits, dont le montant s'élève à 10.500 francs, le *modi* ou le cadi (magistrat musulman) appliquera les règles du précis de code malékite de Sidi Khalil ;

b) Pour les terrains de culture, on s'en tiendra à la coutume.

Pour les biens meubles, on attribuera à D, la veuve, le 1/8e du tout, soit 10.500 : 8=1.312 fr. 50.

Le reste, soit 10.500 fr. — 1.312 fr. 50=9.187 fr. 50, sera divisé en huit parts, chacune se composant de 9.187 fr. 50 : 8 = 1.148 fr. 4375.

Les garçons percevront chacun deux parts et les filles une, soit :

A 2 parts :	1.148 fr. 4375	× 2 =	2.296 fr. 8750
B 2 parts :	—	× 2 =	2.296 fr. 8750
C 2 parts :	—	× 2 =	2.296 fr. 8750
E 1 part :	—		1.148 fr. 4375
F 1 part :	—		1.148 fr. 4375
Total..............			9.187 fr. 50

A, B et C hériteront des cultures et le chef du terrain sera A, qui veillera à ce que tous y travaillent et qui pourvoira à leur nourriture à tous. Si A décédait, à son tour, ce serait B qui le remplacerait à la tête du terrain, mais A^1 prendrait la place de son père A et, si B et C ne s'entendaient pas et demandaient le partage du terrain, celui-ci serait divisé en trois parties égales, une pour B et sa famille, une pour C et sa famille et une pour A^1, remplaçant A, et sa famille, quel que soit le nombre des membres de chacune de ces familles. On remarquera que les sœurs E et F n'ont pas de part dans le partage du terrain.

Pour le partage des biens meubles de A (argent or, bétail, etc.), ses seuls héritiers légaux seront sa veuve et ses enfants A^1, A^2, A^3 et A^4, la veuve pour un huitième du total, les garçons pour deux parts et les filles pour une part du reste, les frères de A et les sœurs de A n'ayant droit à rien.

Coutumes relatives aux terrains

Les Sarakollé du Guidimakha classent les terrains de la açon suivante :

1° Terrains *khakhandou-téni*, terres non inondées et seulement arrosées par les pluies ;

2° Terrains *kolingali* (« kolangal » des Toucouleurs), terres basses ou formant cuvette d'un niveau inférieur à celui du sol environnant, et inondées complètement soit par un marigot qui s'y déverse au moment des hautes eaux soit par les pluies tombant sur les hauteurs environnantes qui s'y écoulent et y séjournent pendant quelque temps. Ces terrains sont cultivés au fur et à mesure de l'évaporation de l'eau ;

3° Terrains *wousso* (« falo » des Toucouleurs), terres situées sur les berges mêmes d'un fleuve ou d'un marigot et sur la pente qui conduit à l'eau, et qui sont cultivées au fur et à mesure de la baisse des eaux.

Les terrains *khakhandou-téni* appartenaient, autrefois, à toute une famille ; ils avaient été défrichés par tous les membres de cette famille et ils ne pouvaient être morcelés. Actuellement, ils ne peuvent l'être, et encore seulement depuis quelque temps, qu'entre les groupes de frères ou cousins germains. Ces terrains ne peuvent pas être vendus ; si la famille propriétaire quitte le pays, le terrain devient *khayi makha ta téni*, c'est-à-dire qu'il revient au plus âgé de la branche restant dans le pays, pendant sa vie, et, à son décès, il passe au doyen ; sa jouissance n'est que viagère et ne peut pas être comprise dans l'héritage proprement dit.

Les terrains *kolingali* suivent la même règle que les précédents pour ce qui est des successions et du départ du pays de leurs propriétaires.

Les terrains *wousso* font exception à tout ce qui vient d'être dit, en fait d'héritage et de départ du pays des propriétaires. Ces terrains appartiennent en propre aux individus, parce qu'ils ont été acquis en récompense de services rendus particulièrement par eux (Oued Garfa, Karakoro) ou achetés (fleuve Sénégal) aux Batchili, ou pris à ceux-ci à la suite de combats (Diogountourou, Khabou). Ces terrains peuvent être vendus par leurs propriétaires. Les prix varient de cinq à trente pièces de guinée ; ils sont petits et ne sont pas inondés tous les ans.

Location de terrain

La location de terrain s'appelle *khoondé*, ce qui veut dire exactement « prêt », mais les prêts de terrain ne se font jamais gratuitement, à moins qu'ils ne soient consentis à un frère ou à un parent rapproché.

Les terrains *khakhandou-téni* et *kolingali* sont loués par le chef de la famille, seul s'il est le père, ou après consultation de ses frères dans le cas contraire.

Le prix de la location est du dixième de la récolte ; ce prix s'appelle *tamoundé* et n'est payé que les années où le champ est cultivé. Un terrain que l'on cultive tous les ans s'appelle *maré* ; le terrain défriché, mais laissé en jachères, s'appelle *sagandé*. Un *sagandé* loué ne paiera sa location que lorsqu'il aura été complètement transformé en *maré* et les parcelles qui seront cultivées pendant sa mise en état ne paient aucune location.

Les terrains sont loués pour un temps déterminé ou indéterminé. Si le terrain est loué pour un temps indéterminé, le locataire ne peut y cultiver que du mil, du maïs, des haricots, des arachides, des pastèques ou du riz, parce que le propriétaire peut, aussitôt après la récolte, reprendre son terrain.

Dans les terrains loués à temps déterminé, et si ce temps est supérieur ou égal à quatre ans, le locataire peut cultiver du coton ou de l'indigo.

Au moment de la location d'un terrain *sagandé*, les *modi* conseillent au propriétaire de fixer à l'avance la durée de la location, le nombre d'années d'occupation gratuite (contre le travail de mise en état du terrain), et la date à laquelle commencera à courir le *tamoundé*.

Les terrains prêtés gratuitement à des parents ou à des serviteurs ne peuvent être repris qu'à la condition de prévenir celui qui a la jouissance du terrain de l'intention qu'a le propriétaire de le reprendre, aux époques et dans les délais fixés par la coutume, qui sont :

a) Terrains servant à la culture du mil, du maïs, des arachides, du riz, des haricots et pastèques, au moment de la récolte (novembre ou décembre), parce que l'individu à qui le terrain a été prêté, prévenu à ce moment-là, ne le travaillera pas au moment de la préparation des terres et aura le temps de s'en procurer un autre, ne souffrant donc aucun préjudice ;

b) Terrains servant à la culture du coton et de l'indigo : le délai prévu par la coutume est de trois hivernages, parce que ces plantations rapportent pendant trois ans. Celui qui a la jouissance provisoire du terrain, prévenu que, dans un délai de trois hivernages échus, il aura à rendre le terrain, ne sèmera plus à partir de l'avertissement et se contentera de récolter ; en outre, il aura le temps de chercher un autre terrain.

Le produit des locations profite à toute la communauté propriétaire.

Tout individu habitant un village, qui a reçu des terrains en partage lors de la création du village, s'il quitte le village définitivement pour aller s'installer dans un autre, perd ses droits sur ces terrains, même s'il les a défrichés. Ces terrains passent à ses plus proches parents restant dans la localité ou, à leur défaut, à la branche de sa famille demeurant dans le village. Quand l'émigrant arrive dans son nouveau village, le chef de ce village doit lui désigner un terrain parmi ceux qui appartiennent à l'agglomération. Toutefois, l'émigré conservera, pendant trois ans, ses droits sur les cotonniers et les indigotiers qu'il aura laissés dans le village qu'il vient de quitter, mais il lui est interdit de faire des semis nouveaux ; il ne peut que profiter de la récolte des plants existants et, la quatrième année, le terrain devient la propriété de la collectivité à laquelle il est échu.

Les terrains *wousso* sont loués par leurs propriétaires à leur bénéfice, d'après les mêmes règles que ci-dessus, mais ces terrains appartiennent toujours à leur propriétaire, à moins qu'il ne les ait vendus, même s'il quitte le village ou le pays.

Terrains cultivés par les femmes

Les terrains que cultivent les femmes ne leur appartiennent pas ; ce sont les maris qui les défrichent et qui les mettent à leur disposition. Ces terrains sont pris, soit dans le lot de la famille, soit dans les nouveaux terrains acquis par le mari aux distributions du village ou à la suite de demandes privées au chef du pays. Si la femme meurt ou divorce, les terrains retournent au mari et, à sa mort, ils deviennent la propriété de tous ses enfants; mais si le mari décédait avant la femme, le terrain passerait, non pas à tous les enfants de la femme, mais uniquement à ceux qu'elle a eus de son mari, de celui qui a mis les terrains à sa disposition.

Coutumes relatives aux animaux

Pendant la saison sèche, les animaux ne sont pas gardés ; ils cherchent eux-mêmes leur nourriture aux alentours du village : les fauves ont quitté le pays, où ils ne trouvent plus d'eau, les marigots étant asséchés, et les propriétaires ne craignent plus, comme hivernage, que leurs animaux commettent des dégâts aux cultures, inexistantes à ce moment-là, ou s'égarent, étant certains qu'ils viendront au puits pour boire.

De juin à décembre, c'est-à-dire des semailles à la rentrée du grain, la garde des bestiaux au pâturage est confiée à des bergers peuls installés dans tous les villages. Ces bergers gardent à la fois les animaux de plusieurs maisons ou familles ; parfois, même, il n'y en a qu'un pour tout un village d'importance moyenne.

Le berger est payé de la façon suivante :

1° Au moment de la récolte, il perçoit dix *moud* de mil (30 kilogr.) par maison ou famille, quel que soit le nombre des animaux gardés ;

2° Tous les mois, il reçoit un *moud* de mil (3 kilogr.) par maison ou famille, quel que soit le nombre des animaux.

Moyennant ce salaire, le berger est responsable pécuniairement des animaux qui lui sont confiés. Ils lui sont remis sur une place, en dehors et aux abords immédiats du village; le berger s'y tient et chaque propriétaire y conduit ses animaux. La responsabilité du berger est engagée à partir du moment où le propriétaire lui ayant dit : « Tu vois ma... ou mes vaches », il lui a répondu : « Oui, je les vois ». A partir de ce moment, et à cette condition seulement, toute perte de bétail et tout accident survenu à l'un des animaux sont à sa charge.

Le berger attend que tout le troupeau dont il a la garde soit réuni ; à ce moment, il siffle et, poussant les animaux devant lui, il part jusqu'au soir. Quand il rentre, c'est au même endroit où le bétail lui a été amené que se fait la séparation, chaque propriétaire venant reprendre ses animaux.

C'est le berger qui est responsable personnellement des dégâts que peuvent occasionner dans les champs les animaux dont il a la garde et c'est lui qui doit dédommager ceux dont les cultures auraient subi des dommages.

Les ânes et les chevaux, qui ne sont pas gardés, en n'importe quelle saison, doivent être entravés. Au cas où ils commettraient des dégâts, leurs propriétaires en seraient responsables et devraient indemniser les victimes.

D'autre part, pour diminuer dans la mesure du possible les chances de dégâts causés par les animaux en liberté, la coutume prescrit que les plantations qui entourent immédiatement le village doivent être protégées par des haies d'épines.

Les animaux connus comme dangereux doivent être surveillés tout particulièrement.

Les bœufs que l'on sait méchants traînent ainsi un morceau de bois, attaché au cou par une corde, qui rend l'animal incapable de se déplacer rapidement. Si un animal, connu comme dangereux, ou simplement méchant, causait un accident, son propriétaire en serait rendu responsable.

Si l'animal cause du mal était devenu soudain furieux, alors que tout le monde le connaissait tranquille et paisible, son possesseur n'aurait pas à répondre de l'accident survenu.

Surveillance des fous

C'est le père qui doit surveiller son enfant fou, dont il est responsable, ou, à défaut du père, le chef de la famille, celui qui l'a remplacé à sa mort. Le fou est bien traité par tous les membres de la famille et les habitants du village, la croyance populaire étant que c'est Dieu qui, ayant eu besoin de son intelligence, l'a conservée. Toutefois, lorsque la démence prend une forme menaçante, le malheureux peut être enfermé, voire enchaîné ; mais, dans ce cas, il est toujours l'objet de soins particuliers, bien nourri et bien traité ; personne n'oserait se moquer d'un fou, ni lui faire du mal.

La voirie

L'alignement de la rue doit être respecté ; nul n'a le droit de l'obstruer par une clôture, de l'encombrer de matériaux de quelque espèce que ce soit, ni d'agrandir l'emplacement d'une habitation. Celui qui outrepasserait cette défense se verrait rappeler à l'observation de la règle par le chef du village et, s'il persistait, le chef aurait le droit de faire remettre de force les choses en l'état, les frais incombant au délinquant. Les rues doivent être maintenues propres et, dès le début de la saison sèche, toutes les herbes qui ont pu y pousser sont brûlées, chaque famille entretenant la portion qui entoure son habitation. Les animaux ne doivent pas y errer, de jour ni de nuit, et, à la rentrée des troupeaux, ceux-ci doivent être enfermés rapidement dans les cours de leurs propriétaires.

Feux de brousse

Les anciens, frappés des dégâts considérables qu'entraînaient des feux de brousse fréquents, ont édicté à cet égard des règles très précises, et la coutume frappe de peines sévères celui qui les transgresse. Nul ne peut mettre le feu à la brousse s'il est seul, car, isolé, il ne pourrait combattre l'incendie, qui se développe souvent très rapidement en raison de la sécheresse des herbes et de l'action du vent.

Celui qui met le feu à la brousse isolément est considéré comme un criminel, s'il l'a fait exprès, car il peut être cause de la mort d'enfants, de vieillards, d'aveugles ou de femmes surpris par le feu. Il est saisi et conduit au chef du pays, qui le met aux fers après lui avoir fait administrer un nombre de coups de corde variant selon les dégâts commis. Si des gens perdent la vie dans l'incendie, il y a, en outre, paiement du *dia* (prix du sang) ; si des animaux ou des récoltes sont brûlés, il y a remboursement de la valeur détruite.

Toutefois, un village peut estimer qu'il est nécessaire de mettre le feu à une partie de la brousse, soit pour dénuder un large espace de terrain tout autour du village et préserver ainsi celui-ci des incendies venus de plus loin, soit pour constituer, à l'abri de cette zone protectrice, des réserves de paille où les animaux du village pourront aller pâturer pendant la saison sèche.

Dans ce cas, les notables se réunissent et fixent le jour où le feu sera mis. Sitôt la décision prise, la nouvelle est criée dans tout le village et des courriers préviennent les villages voisins, pour que leurs habitants puissent prendre leurs précautions, couper les herbes autour des greniers et des habitations isolées en dehors du village, etc. Chacun sait ainsi que, ce jour-là, les aveugles, les enfants, les femmes âgées, le petit bétail, ne doivent pas s'éloigner du village, de crainte d'être surpris dans la brousse et entourés par l'incendie.

Au jour dit, le feu est mis ; tous les hommes valides sont présents ; les serviteurs, armés de longues perches et de branchages, dirigent le feu et l'empêchent de gagner dans des proportions menaçantes qu'un coup de vent lui ferait prendre en quelques instants.

Location de bêtes de somme

La location n'est pas faite à tant par jour.

Le prix est de tant par animal pour aller d'un point à un autre, avec retour obligatoire au point de départ. Si le locataire est connu, le payement (*savandi fo*) est acquitté au retour ; mais, s'il n'était pas connu, il serait obligé de laisser au propriétaire des arrhes d'une valeur égale à celle de l'animal loué ; dans tous les cas, le *savandi fo* doit être débattu au moment de la location et devant deux témoins.

Si l'animal loué était blessé ou mourait par la faute du locataire, celui-ci le paierait ; dans le cas contraire, le locataire ne serait pas responsable, à condition de prouver qu'il n'a pas été en défaut, et il devrait montrer la queue de l'animal, s'il était mort. La location s'appelle *nabourou-savandé.*

Main-d'œuvre

Le salaire (*mousso*) de la main-d'œuvre (*tougadi*) doit être débattu avant le travail ; il est payé après. La journée de travail est comprise du lever du soleil à son coucher, avec un repos de 11 heures du matin à 13 heures ; l'employeur doit le repas de midi à ses employés.

Droit pénal et criminel

La coutume ne réprime et punit que les délits et les crimes dont nous avons parlé, notamment au sujet des fiançailles, du mariage, de l'adultère. Pour tous les autres délits et crimes (vol, assassinat, meurtre, incendie volontaire, etc.), les Sarakollé ont adopté le droit musulman (code malékite).

Coutumes régissant le commerce

Achat et Vente

La vente (*khoboyi*) et l'achat (*gagandé*) au comptant ne sont effectifs que lorsque l'objet vendu a été reçu par l'acheteur et son prix par le vendeur. L'achat au comptant se dit : *kiti do kité.*

La vente et l'achat à terme (*mâ tombo*) ne sont valables que lorsqu'ils ont fait l'objet d'une convention devant deux témoins.

Il faut que l'acheteur dise : « Je t'achète telle chose », et que le vendeur lui ait répondu : « J'accepte », et que, après avoir fixé le délai de paiement, ils se serrent la main, toujours en présence des témoins. Si l'acheteur ne respectait pas le délai fixé, le tribunal lui en fixerait un deuxième et, si l'acheteur ne remplissait pas ses obligations, ses biens seraient saisis jusqu'à concurrence de la somme dûe.

Si le vendeur avait trompé l'acheteur, ou s'il se rendait coupable d'escroquerie, il serait déféré devant un tribunal qui lui appliquerait les peines prévues par la loi musulmane.

Dans les ventes à terme, l'acheteur peut demander au vendeur, par trois fois, un nouveau délai pour s'acquitter, mais une quatrième demande de prolongation entraînerait la saisie de ses biens, produit de ses cultures compris, et, si ce n'était pas suffisant, même ses terres seraient confisquées jusqu'à complet paiement de la dette.

Achat d'animaux

Les animaux mâles ne sont pas divisibles : on achète l'animal en entier ; tandis que les femelles (sauf pour le petit bétail, chèvres et brebis) peuvent s'acheter par « pied » (*ta khoboyé*).

L'individu qui achète un pied d'une jument, par exemple, doit, avant de conclure la vente, s'entendre avec le propriétaire pour savoir qui gardera l'animal chez lui.

C'est celui qui, après entente, a la garde de l'animal qui le nourrit, paie son impôt, s'en sert et en a toute la responsabilité. C'est lui, également, qui sera chargé de faire saillir la jument.

Lorsque la bête ainsi vendue met bas, l'acheteur du pied a la faculté, si le produit est mâle, de ne pas l'accepter et d'attendre la naissance d'une pouliche.

Toutefois, l'acheteur, à l'approche de l'époque où la jument n'acceptera plus le cheval parce que, vu son âge, elle ne pourrait plus porter, prendra un des produits mâles.

Si la bête à vendre est pleine, le propriétaire, s'il ne veut pas que le produit qui est dans les flancs de la bête compte, doit dire au moment de la vente et devant des témoins : « Ce qui est dans son ventre ne compte pas. »

Celui qui a la garde de la bête est tenu de la faire saillir en présence de témoins ; s'il était prouvé que, pendant un an, il ne l'avait pas fait saillir, la vente serait cassée, à moins que le tribunal ne prescrive que l'animal doit être confié à l'autre des contractants.

Trois pieds d'un animal peuvent être ainsi vendus, le quatrième pied restant au propriétaire, et les acheteurs choisissent le produit à chaque naissance, à tour de rôle, suivant l'ordre dans lequel ils ont acheté les pieds.

Si le produit est une femelle, l'acheteur est obligé de la prendre, même si elle est infirme ou meurt en naissant.

Une fois les acheteurs en possession de leurs pouliches ou de leurs poulains, ces derniers à leur choix, la jument en entier redevient la propriété du vendeur.

Si aucune saillie n'était suivie d'effet, le vendeur et les acheteurs feraient examiner l'animal par des notables connaisseurs, et, si la bête était déclarée stérile, le vendeur du pied choisirait entre rembourser à l'acheteur la valeur du pied, ou mettre en vente le jument entière : dans ce dernier cas, le produit de la vente serait divisé en quatre parties égales, dont une reviendrait à l'acheteur du pied.

Si trois pieds ont été vendus, le propriétaire de la bête ne peut décider de lui-même si elle doit être vendue ou non ; c'est la majorité qui décide, à moins que le propriétaire déclare ne plus avoir les moyens de rembourser les acheteurs ; dans ce cas, la bête est vendue.

La vente doit être conclue en présence de tous les détenteurs des pieds et du propriétaire de la bête.

Si l'animal, vendu comme il a été dit plus haut, était blessé ou mourait par la faute de celui qui en avait la garde, ce dernier rembourserait à l'autre, ou aux autres, le nombre de pieds lui ou leur appartenant. Si l'accident ou la mort de l'animal survient par cas de force majeure, ils subissent tous la perte.

Prêt

La chose prêtée doit être rendue au prêteur telle qu'il l'a prêtée, ou remplacée par sa valeur calculée au taux du cours ; par exemple, un gros d'or valant aujourd'hui 25 francs, prêté pour six mois, doit être payé le jour de l'échéance, si le prix de l'or est alors de 30 francs le gros, soit un gros, soit 30 francs.

Le prêt s'appelle *rokkandé.*

Le village

Les villages (*débé*) sarakollé sont presque tous construits sur le même modèle ; des deux côtés d'une rue principale s'établissent les cours des habitations, la porte d'entrée donnant sur cette rue. Vers le milieu de la longueur, celle-ci est traversée perpendiculairement par une autre ; au centre du croisement, se trouve réservé un grand espace vide ; c'est la place du village, généralement ombragée d'un ou de plusieurs grands arbres, à l'abri desquels les hommes se réunissent, assis à terre, sur des nattes, ou perchés sur le *kora*, sorte de plate-forme surélevée faite de troncs d'arbres simplement posés à côté les uns des autres sur un échafaudage, à un mètre environ du sol. C'est sur cette place que se trouve la mosquée du village, qui n'est souvent qu'une portion de terrain entretenue propre et protégée, par un petit mur en pisé, une tapade ou une simple haie, des animaux qui, parfois, errent la nuit dans le village. C'est également là que se tiennent les petits marchands du village ou les colporteurs de passage qui vendent des perles, toutes sortes de verroteries de couleur pour les femmes, des noix de cola, du sucre, des allumettes, du tabac, etc.

Un des côtés de la place est occupé par l'habitation du marabout; les autres habitations s'alignent tout le long de l'artère principale, séparées entre elles par des clôtures; cette rue s'allonge peu à peu à mesure que le village croît; les emplacements des habitations s'étendent peu en profondeur.

Dans les villages où existent des représentants de plusieurs familles ou de plusieurs branches de la même famille, les membres de chaque famille ou branche réunissent leurs maisons dans un même quartier, disposé comme un village distinct, avec sa place particulière. Les différents quartiers, dont chacun a son chef, notable à qui le chef de village communique les décisions intéressant l'agglomération entière, se groupent tous autour de la place centrale, qui est la place de la mosquée.

La vie pendant les cultures

Le Sarakollé est matinal, surtout pendant la période des cultures. C'est que le travail presse; il faut profiter du temps propice à la plantation du mil, aux semailles du riz, qu'une tornade imprévue peut retarder gravement; aussi, dès le premier chant du coq, avant même le lever du soleil, tout le monde est sur pied. L'homme trait ses vaches et se prépare au travail de la journée. Il mange légèrement, le plus souvent un reste du dîner de la veille, auquel il ajoute du lait, et, accompagné de ses fils et de ses serviteurs, il se rend au champ, où il travaillera souvent jusqu'au coucher du soleil. Pendant ce temps, la femme du jour, qui a pris son service la veille, au coucher du soleil, a reçu, de la plus ancienne épouse du maître de maison, le mil pour la nourriture de la journée. Elle le donne aux servantes, qui le pilent, mais c'est la femme elle-même qui fait la cuisine, même s'il y a plusieurs servantes à la maison. Les femmes s'occupent des petits animaux, veaux, moutons, chèvres, agneaux; les chèvres sont envoyées dans la brousse et le gros bétail remis au berger du village.

Débarrassées du soin des animaux, les femmes peuvent vaquer aux travaux domestiques. S'il y a des servantes, ce sont elles qui vont chercher le bois nécessaire à la maison, y apportent l'eau qu'elles vont tirer aux puits entourant le village ; sinon, les femmes le font elles-mêmes ; chacune d'elles remplit son « canari » et une gargoulette d'eau pour le mari.

Elles s'occupent ensuite des enfants, les lavent, puis, bien vite, laissant la femme du jour seule à la maison, chacune se dirige vers son champ où riz, arachides, maïs ou indigo l'occuperont toute la journée.

Rentrée tard, au coucher du soleil, elle est de nouveau debout avant l'aube. Mais elle ne se plaint pas ; très travailleuse par nature, résistante à la fatigue, elle suppute d'avance le gain que lui procurera son labeur acharné, et la perspective des lourds anneaux d'or massif ou des beaux pagnes teints qu'il lui rapportera soutient son courage jusqu'au moment des récoltes.

La vie en saison sèche

C'est une fois le produit des cultures à l'abri dans les greniers, que la famille se trouve véritablement réunie et que tous se reposent des fatigues d'un dur labeur de plusieurs mois ; si la récolte a été bonne, la joie règne dans le village.

La femme continue à se livrer aux travaux de la maison, mais, dès qu'ils sont terminés, tout son temps est à elle ; alors, elle carde son coton, le file, teint les pagnes qu'elle en a fait faire, tout en soignant, en surveillant et en éduquant les jeunes enfants.

Vers midi, lorsque le déjeuner est prêt, le maître de la maison se rend à la mosquée, pour voir s'il n'y trouvera pas un étranger qu'il pourra emmener manger chez lui.

L'hospitalité est, en effet, grande. Malgré son caractère économe, qui confine parfois à l'avarice, et poussé par l'orgueil, le Sarakollé est hospitalier et tout passager, même s'il ne connaît personne dans le village, est assuré d'y trouver la nourriture et un gîte. Les Maures, seuls, ne sont pas invités par les Sarakollé, sauf par ceux qu'ils connaissent particulièrement et chez qui ils se dirigent dès leur arrivée dans le village.

Tout passager qui n'a pas été invité par un particulier se rend chez le chef de village, où il sera recueilli.

C'est le village tout entier qui reçoit les parents et les amis venus de l'extérieur pour conduire une jeune fille à son mari ; quant aux étrangers, ils se répartissent entre les habitants.

L'invité amené par le maître de maison s'assied à côté de lui ; la calebasse de nourriture est apportée par sa femme au maître de maison, qui dit : « *Bissimillaï* ! » (au nom de Dieu). « *Bissimillaï* ! » répond l'invité, et tous deux mangent, puisent avec la main dans la même calebasse. Lorsque le repas est fini, l'invité dit : « *Allé barka* » (merci) au maître de maison, qui répond : « *Sakha* » ; puis, après avoir bu l'eau offerte par les femmes, tous deux retournent généralement à la place de la mosquée.

C'est là que les hommes passent une partie de la journée, assis ou allongés sur le *kora*, où quelques-uns s'endorment, tandis que les passagers ou les habitants du village rentrés de voyage font connaître ce qu'ils ont vu ou entendu en route, ce qu'on raconte dans les villages qu'ils ont traversés ; c'est le centre d'information du village et c'est là où les jeunes hommes apprennent des anciens la coutume de leurs ancêtres.

Vers trois heures, les hommes se séparent, rentrent chacun chez soi, vont chercher la paille pour les chevaux, se rendent au puits pour les y faire boire.

La coutume sarakollé interdit à un homme de donner à boire au puits à un animal qui ne lui appartient pas.

La raison en est que le propriétaire d'un animal égaré momentanément le cherchera toujours au puits du village où il a l'habitude de boire, pensant très justement que son instinct l'y amènera pour se désaltérer. Si l'animal était abreuvé, il s'éloignerait à nouveau et pourrait se perdre définitivement, ou devenir la proie des fauves.

En conséquence, celui qui aurait abreuvé un animal ne lui apartenant pas serait rendu responsable de sa perte si la bête venait à ne pas être retrouvée.

Les animaux ayant bu, l'homme rentre chez lui, ou retourne à la mosquée, ou encore se rend dans la maison d'un voisin ou d'un ami, où il reste souvent tard le soir.

Dans chaque cour d'habitation flambe un feu clair de bois sec qui donne à la fois la lumière et la chaleur à ceux qui se pressent autour ; hommes et femmes, chacun de leur côté, restent ainsi à bavarder longuement, les femmes travaillant à filer le coton, jusqu'à ce que le sommeil ou le froid les fassent rentrer. Le feu s'éteint et tout dort jusqu'au lendemain.

Dans quelques cours seulement, le feu brille toujours ; ce sont les jeunes filles d'une même famille, réunies chez l'une d'entre elles, qui continuent à filer le coton très tard dans la nuit tout en se racontant les menus faits de leur vie quotidienne, se rappelant les fêtes, les « tam-tam » auxquels elles ont assisté et prévoyant ceux à venir. Elles coucheront là et rentreront chez leurs parents le lendemain matin seulement.

Les jeunes filles libres d'une même famille forment ainsi de petites sociétés qui se rendent alternativement chez l'une ou chez l'autre d'entre elles.

Il en existe plusieurs dans le même village, qui rivalisent d'entrain pour l'organisation des « tam-tam », où se pressent tous les habitants du village par les soirs de lune. Tous y viennent, en effet, et s'y groupent d'après leurs origines.

A droite du tambour se placent les femmes libres, à sa gauche les servantes, *komo-khasso* et *komo*. En face du tambour se tiennent les femmes *niamakhalo*, qui s'écartent et font place si le chef de village, venu au « tam-tam », y assiste un moment. Les hommes se placent derrière les femmes, à droite ou à gauche de l'orchestre, suivant leur condition sociale.

La cadence des danses n'est pas toujours la même ; elle varie suivant la catégorie de la danseuse : lente pour les *khoro*, elle est plus vive pour les *niamakhalo* et extrêmement rapide pour les serviteurs. La première danse est pour les *komo*, la seconde pour les *niamakhalo*, la troisième pour les *khoro* ; une quatrième, très lente, est réservée pour les petits enfants.

C'est là que la jeune fille, revêtue de ses plus beaux atours et portant tous ses bijoux, cherche à briller au milieu de ses compagnes, de leurs frères et de leurs amis. C'est au « tam-tam » que s'ébauche souvent la première intrigue, parfois sous l'œil complaisant de la mère, qui, fière du succès de sa fille, pousse celle-ci à se montrer aimable envers les jeunes hommes en mesure de devenir des maris, surtout s'ils savent reconnaître cette amabilité par de menus cadeaux : colas, parfums, pièces d'argent ue la fille fait transformer en bagues.

Aussi, il est permis de dire que, lorsque ces rencontres au « tam-tam » ont des suites fâcheuses pour la renommée de la jeune fille, la mère de celle-ci a une grosse part de responsabilité.

Il faut dire qu'en réalité ces accidents sont peu fréquents et beaucoup de rencontres au « tam-tam » finissent par un mariage entre les jeunes gens. C'est là, en effet, que le jeune homme, parfois de passage seulement dans le village, peut se faire remarquer de la jeune fille qui a attiré son attention, la coutume l'autorisant à lui jeter, pendant qu'elle danse au milieu du cercle, son *dissa* en signe d'hommage. La jeune fille, nouant le *dissa* sur son « boubou », continue sa danse, l'accompagnant de mouvements de bras qui font flotter les pans de l'écharpe ; la danse terminée, elle remet l'écharpe à son propriétaire, qui, en échange, lui fait un menu cadeau : la connaissance est faite.

Les repas

Le mil est la base de l'alimentation du Sarakollé. Il est accommodé de différentes façons. Parfois, il est simplement écrasé et mis à bouillir tel quel dans l'eau ; une fois cuit, on y ajoute du lait et un peu de sucre ; c'est le *sombi*, principale nourriture de la nouvelle mariée jusqu'à la première fête de la *tabaski* qui suit son mariage. Cette façon de manger le mil est assez peu courante, et les deux plats fondamentaux sont le « gâteau », ou *souri*, et le couscous.

Le « gâteau » est généralement le plat du matin, parce que sa préparation nécessite moins de temps que celle du couscous. Le mil pilé est mis avec de l'eau à bouillir dans la marmite (*baroma*). Quand il est bien cuit, il forme une sorte de pâte épaisse qui est servie avec du lait relevé de sel ou de sucre, ou avec une sauce faite de poisson sec bouilli dont les Sarakollé sont grands consommateurs, ou de viande, ou de feuilles de baobab, de haricots ou d'une plante poussant à l'état sauvage dans la brousse.

Pour faire le couscous, le mil, très finement pilé, est aggloméré en minuscules globules par frottement de la farine contre les parois de la calebasse ; cette opération est longue. La farine, étant ainsi préparée, est mise dans un plat en terre cuite (*bègné*) dont le fond est troué et qui recouvre exactement la marmite (*baroma*) ; dans celle-ci, posée au-dessus d'un feu de bois, sur trois pierres plates, se trouvent l'eau et la viande ; c'est la vapeur, qui se dégage par les trous du *bègné* et traverse toute la masse du couscous, qui cuit celui-ci.

Le repas prêt, contrairement à ce qui se passe dans les autres races du Guidimakha, chez qui c'est toujours la première femme qui fait le partage de la nourriture, la femme du jour en fait la répartition. Une calebasse est servie pour le mari, qui mange avec ses frères, ses grands fils, ses invités et ses serviteurs hommes, s'ils sont peu nombreux. Quand il y en a beaucoup, serviteurs et servantes vivent, en général, dans une maison distincte; ils reçoivent leur part de nourriture, qu'ils emportent ches eux, une fois leur travail terminé.

Les femmes mangent également toutes ensemble, à la même calebasse; une autre est servie séparément pour les jeunes enfants, qui, souvent, finissent en plus celles de leurs parents.

Les femmes, une fois le mari servi, mangent à leur tour; elles n'attendent que les hommes aient fini leur repas que quand il y a des étrangers à la maison et qu'elles peuvent être appelées par le mari à donner de l'eau.

Le patriarche (*kisma*) mange seul; parfois, il appelle à lui ses petits-enfants. De même, l'aïeul (*mamé*) reçoit un plat séparé.

Enfin, la coutume est que la femme du jour envoie le dîner du soir à sa mère, si celle-ci habite le village, et à la mère de son mari.

Serviteurs

Beaucoup de gens se figurent que le mot de « serviteur » cache celui d' « esclave »; c'est une grande erreur.

L'esclave était celui qui avait un propriétaire pouvant le vendre, le louer, l'échanger, le mettre en gage; dans les premiers temps, ce maître pouvait l'accoupler à n'importe laquelle de ses captives et les enfants nés à la suite de ces accouplements venaient augmenter sa richesse en captifs. Les captifs devaient tout leur temps à leur propriétaire; aucune coutume, aucune loi ne les régissait; le propriétaire disposait d'eux comme il le voulait. Le seul droit qu'il n'avait pas sur eux, c'était de les tuer.

Plus tard, et en partie à la suite de l'islamisation, quelques adoucissements furent apportés à cette situation. Des lois régirent les esclaves, les protégèrent contre la brutalité des propriétaires ; ils purent se marier, leurs femmes furent respectées ; les heures de travail et les jours de repos furent réglementés, et les esclaves purent travailler pendant ces jours de repos pour acquérir un peu de biens, ce qui permit à beaucoup de se racheter, eux et leur famille, ou tout au moins de racheter au propriétaire les journées de travail de leurs compagnes ou de leurs enfants. Les esclaves nés à la maison et acquis par héritage ne pouvaient être vendus ; d'autres étaient libérés à la suite de services importants rendus ; beaucoup étaient instruits en même temps que les fils des maîtres ; des filles esclaves étaient épousées et libérées, etc.

Le résultat fut que les esclaves, au fur et à mesure que leur sort s'améliorait, s'attachaient d'avantage à leurs maîtres, qui les traitaient presque, sauf de rares exceptions, comme des membres de leur famille.

La suppression de l'esclavage, décrétée en 1905 par l'autorité française, a supprimé, en droit, les dernières inégalités. Les esclaves ont acquis les mêmes droits et les mêmes devoirs que les individus de naissance libre ; ils ont le droit d'aller où ils veulent, de se marier à leur gré ; leurs enfants leur appartiennent ; ils peuvent acquérir des biens ; ils héritent, obtiennent des terres, etc. Mais, malgré les années, leur attachement à leurs maîtres a subsisté et, ayant acquis, du fait même de l'abolition de l'esclavage, la faculté de vivre auprès de gens de leur choix, ils ont choisi qui ?... leurs anciens maîtres, et ils sont devenus auprès d'eux des serviteurs, que leurs maîtres traitent en gens libres, de caste inférieure seulement au point de vue des mariages et du commandement des villages, moyennant un salaire représenté par une part sur le produit des cultures, part plus ou moins grande, suivant le nombre de jours de travail fourni par semaine par le serviteur à son employeur.

Le serviteur a également une part sur le bétail qui, très rarement, d'ailleurs, est confié à sa garde.

Quelques maîtres intelligents et pratiques se sont attaché leurs serviteurs en leur confiant des terres et du bétail, que ceux-ci exploitent contre une redevance annuelle variant suivant l'importance des terres et du bétail mis à leur disposition, tout comme font nos propriétaires vis-à-vis de leurs fermiers en France. Ces serviteurs confient leurs enfants des deux sexes à leurs « patrons », qui les emploient comme domestiques tout en les élevant en même temps que leurs propres enfants, dont ils partagent les jeux et les travaux. Ce sont ces serviteurs qui sont les « domestiques » aidant les Sarakollé dans leurs cultures et dans les travaux de la maison.

Le système du fermage semble vouloir se généraliser ; il est à encourager, parce qu'il permet au descendant de l'esclave de rester dans le pays, d'y acquérir des biens en travaillant auprès des descendants de ses anciens maîtres qui, souvent, constituent son unique famille. En outre, la direction d'une terre demande une certaine initiative ; sa mise en valeur exige du raisonnement, développe le sentiment de la responsabilité, donne conscience de sa personnalité à l'individu en transformant sa mentalité. Au point de vue économique, il permet la mise en valeur de nouvelles terres, augmentant la surface cultivée et la production du pays.

En saison sèche, beaucoup de serviteurs vont se louer à l'extérieur (à Dakar, Saint-Louis, Kayes), pour les travaux du port, aux chantiers du chemins de fer, etc. ; le produit de leur travail leur sert à acquérir le bétail indispensable à leur établissement et à celui de leur famille sur la terre qu'ils exploitent.

Les serviteurs ne sont donc pas des captifs ; plus nombreux que les *khoro*, travailleurs et économes, ils acquièrent de jour en jour plus d'importance, et déjà beaucoup d'entre eux possèdent une fortune égale à celle de leurs anciens maîtres.

Le caractère sarakollé

Le trait essentiel du caractère du Sarakollé, c'est qu'il est très travailleur.

Nous avons vu hommes et femmes rivalisant d'ardeur au moment des cultures ; cette activité ne se ralentit pas une fois la récolte terminée ; pour la femme, c'est le travail du coton qui occupe les loisirs que lui laissent les soins de la maison ; l'homme jeune, lui, quitte souvent le pays en saison sèche pour aller travailler sur les chantiers où la main d'œuvre est recherchée, ou se rend au Sénégal pour la récolte des arachides ; il ne rentre qu'au moment de la préparation des cultures, où tous les bras de la famille sont nécessaires sur le champ familial.

Tenace, obstiné même, il ne se rebute pas devant un

échec et, cherchant à se rendre compte des causes d'un insuccès, il ne retombera pas dans sa première erreur une fois qu'il l'aura comprise.

Malheureusement, de telles qualités réelles ne vont pas sans quelques défauts. Le principal est un orgueil qui engendre des jalousies exaspérées, suscitant des rancunes vivaces entre les membres d'une même famille.

Le ménage ne se maintient pas non plus sans discussions ; maris et femmes, poussés par leurs parents respectifs, presque toujours, ont souvent des disputes, et c'est une lourde tâche pour le mari que de maintenir la paix dans sa maison. Ces discussions se terminent d'autant moins aisément que les deux parties sont le plus souvent de mauvaise foi.

Quand une affaire amène des gens au tribunal, ce n'est qu'avec beaucoup de difficultés que la vérité se découvre ; le Sarakollé, opprimé par les Maures depuis son installation dans le pays jusqu'à notre arrivée, n'avait qu'une arme contre eux, celle du faible, le mensonge. Il n'en a malheureusement pas perdu l'habitude, et sa méfiance, sans cesse en éveil, cherche toujours à découvrir un piège dans les questions les plus ordinaires qui lui sont posées. C'est cette inquiétude perpétuelle qui le pousse à s'embrouiller dans de longs discours au lieu de venir directement et franchement au sujet.

Toutefois, il n'en reste pas moins que les qualités du Sarakollé lui font pardonner ses défauts.

Tel qu'il est, prudent, avisé, laissant le moins possible au hasard, d'une économie qui va parfois jusqu'à l'avarice, il est précieux au point de vue économique comme producteur de richesse. Ce qui manque aux Sarakollé, c'est la discipline sociale ; dès qu'ils l'auront acquise, en connaissant et respectant mieux leur coutume, leur vie sera beaucoup plus heureuse, la paix régnant complètement à l'intérieur de chaque famille et dans tous le pays.

Les Sarakollé du Guidimakha pendant la guerre

Par quatre fois au cours de la guerre, de 1915 à 1918, le Cercle du Guidimakha fut appelé à fournir des soldats. Sans pression, tous les habitants répondirent à cet appel, et plusieurs fils de chefs de village partirent volontairement, pour donner l'exemple du sacrifice qu'ils comprenaient nécessaire. Nombreux sont ceux qui sont rentrés gradés, caporaux ou sergents.

Sur 512 jeunes gens ainsi levés ou engagés qui servirent sur les fronts de France, des Dardanelles et de l'armée d'Orient, 95, soit 18,55%, sont morts au champ d'honneur ou décédés des suites des blessures reçues à l'ennemi ou de maladies contractées en campagne ; 11 sont réformés n° 1, avec pension pour blessure de guerre ; 6 sont titulaires de la Médaille militaire.

Enfin, un grand nombre des anciens tirailleurs provenant du Guidimakha ont reçu la Croix de guerre au cours des opérations.

TABLE DES MATIÈRES

Rochefort-sur-mer. — Imprimerie A. Thoyon-Thèze

A LA MÊME LIBRAIRIE

OUVRAGES SUR L'AFRIQUE OCCIDENTALE

Le Plateau Central Nigérien. *Une mission archéologique et ethnographique au Soudan français*, par le capitaine L. Desplagnes; 236 reprod. phot. et une carte en couleurs. In-8° . 15 fr.

L'ancien Royaume du Dahomey. *Mœurs, Religion, Histoire*, par A. Le Hérissé, administrateur des Colonies, 23 pl. hors texte. In-8° . . . 15 fr.

La Côte d'Ivoire. — Le pays, les habitants, par G. Joseph, licencié ès-lettres, administrateur des Colonies, préface de M. le Gouverneur Angoulvant, 1917. In-8°, avec reproductions photographiques et cartes . . . . . . 10 fr.

Industries et principales professions des habitants de la région de Tombouctou, par Dupuis-Yacouba, agent principal des Affaires indigènes en Afrique Occidentale Française. In-8° illustré. . . . . 7 fr. 50

Histoire de la presqu'île du Cap Vert et des Origines de Dakar, par Claude Faure, archiviste du Gouvernement Général de l'Afrique Occidentale Française, 1915. Un vol. in-8°, avec deux cartes. . . . . . 5 f.

Les Touareg du Niger (*Région de Tombouctou*), *les Oulliminden*, par le docteur Richer. Lettre-préface du maréchal Joffre. Préface de M. Delafosse, gouverneur des Colonies. 1924, in-8°, avec 14 reproductions dhothographiques et une carte. . . . 30 fr.

Les Touareg du Sud-Est. — L'Aïr. Leur rôle dans la politique saharienne, par le lieutenant Jean, de l'infanterie coloniale. In-8°, avec reprod. photog. et cartes. . . . . 15 fr.

Le Noir du Soudan. Pays Mossi et Gourounsi, par Louis Tauxier, administrateur des Colonies, 1912, fort volume In-8° . . . . 15 fr.

Le Noir du Yatenga. Mossi. Nioniossés, Samos, Yarses, Silmi-Mossis, Peuls. Etudes soudanaises, par L. Tauxier, 1917, in-8° . . . . 20 fr.

Nouvelles notes sur le Mossi et le Gourounsi, par L. Tauxier. 1924, in-8° . . . . 20 fr.

Les Plantes utiles des Pays chauds, par Em. Prudhomme, directeur du Jardin Colonial. In-8°, avec gravures, 1920. . . . . 8 fr.

Guide de la Colonisation au Togo (*publication du Commissariat de la République au Togo*). in-8°, avec reproductions photographiques. . . 8 fr.

État actuel de nos connaissances sur la Géologie de l'Afrique Occidentale, par Henry Hubert, docteur ès-sciences, administrateur-adjoint des Colonies : carte géologique au 1/5.500.000 et en couleurs, avec notice explicative, 1920. In-8°. . . 12 fr.

Carte géologique de l'Afrique Occidentale Française, au 1/1.000.000, par Henry Hubert, administrateur des Colonies, feuille 10, *Côte d'Ivoire*, avec note explicative . . . 9 fr.
Feuille 5, *Dakar* . . . . . 12 fr.

L'Ouest Africain Français. *Ses ressources agricoles. Son organisation économique*, par Henri Cosnier, ingénieur-agronome, sénateur, ancien Commissaire général de la production agricole de l'Afrique du Nord et des Colonies. 1921. In-8°, avec reproductions photographiques et cartes. . . . 20 fr.

La mise en valeur de Sénégal de 1817 à 1854, par Georges Hardy, directeur de l'enseignement au Maroc, 1921. Ouvrage couronné par l'Académie française. In-8° . . . . 25 fr.

La Compagnie du Galam au Sénégal (*Une compagnie à privilège au XIXe siècle*), par G. Saulnier, archiviste paléographe 1921, in-8°. 15 fr.

Les Bambaras du Ségou et du Kaarta, *Etude d'une peuplade du Soudan Français*, par Charles Monteil, ancien administrateur des Colonies. 1923, in-8°, avec reprod. photog. . 25 fr.

Les poissons des eaux douces de l'Afrique Occidentale (du Sénégal au Niger), par J. Pellegrin. 1923, in-8°, avec 76 figures. . . . 25 fr.

Broussard ou les états d'âme d'un colonial, *suivis de ses propos et opinions*, par Maurice Delafosse. 1923, in-16. . . . . 6 fr.

Ce que tout Français devrait savoir sur nos Colonies, par MM. Ch. Regismanset, G. François, F. Rouget. 1924, in-16, avec gravures et cartes. . 6 fr.

Gouvernement Général
de l'Afrique Occidentale Française

BULLETIN DU COMITÉ D'ÉTUDES
HISTORIQUES ET SCIENTIFIQUES
de l'Afrique Occidentale Française

Abonnements :
France, Colonies : 16 fr. – Étranger : 18 fr.
Prix du numéro : 4 fr. 50

ENVOI FRANCO DU CATALOGUE GÉNÉRAL

Rochefort-sur-mer. — Imprimerie A. Thoyon-Thèze.

www.ingramcontent.com/pod-product-compliance
Ingram Content Group UK Ltd.
Pitfield, Milton Keynes, MK11 3LW, UK
UKHW022019170726
13837UKWH00001B/287

9 782329 201528